Ludovic Lebel

iCareProMoT

Ludovic Lebel

iCareProMoT

Étude sur la conception d'un système de gestion des connaissances du processus de soin médical

Éditions universitaires européennes

Mentions légales/ Imprint (applicable pour l'Allemagne seulement/ only for Germany)
Information bibliographique publiée par la Deutsche Nationalbibliothek: La Deutsche Nationalbibliothek inscris cette publication à la Deutsche Nationalbibliografie; des données bibliographiques détaillées sont disponibles sur internet à l'adresse http://dnb.d-nb.de.
Toutes marques et noms de produits mentionnés dans ce livres demeurent sous la protection des marques, des marques déposées et des brevets, et sont des marques ou des marques déposées de leurs détenteurs respectifs. L'utilisation des marques, noms de produits, noms communs, noms commerciaux, descriptions de produits, etc, même sans qu'ils ne soient mentionnés de façon particulière dans ce livre ne signifie en aucune façon que ces noms peuvent être utilisés sans restriction a l'égard de la législation pour la protection des marques et des marques déposées et pourraient donc être utilisés par quiconque.

Photo de la couverture: www.ingimage.com

Editeur: Éditions universitaires européennes est une marque déposée de
Südwestdeutscher Verlag für Hochschulschriften Aktiengesellschaft & Co. KG
Dudweiler Landstr. 99, 66123 Sarrebruck, Allemagne
Téléphone +49 681 37 20 271-1, Fax +49 681 37 20 271-0
Email: info@editions-ue.com

Produit en Allemagne:
Schaltungsdienst Lange o.H.G., Berlin
Books on Demand GmbH, Norderstedt
Reha GmbH, Saarbrücken
Amazon Distribution GmbH, Leipzig
ISBN: 978-613-1-51914-7

Imprint (only for USA, GB)
Bibliographic information published by the Deutsche Nationalbibliothek: The Deutsche Nationalbibliothek lists this publication in the Deutsche Nationalbibliografie; detailed bibliographic data are available in the Internet at http://dnb.d-nb.de.
Any brand names and product names mentioned in this book are subject to trademark, brand or patent protection and are trademarks or registered trademarks of their respective holders. The use of brand names, product names, common names, trade names, product descriptions etc. even without a particular marking in this works is in no way to be construed to mean that such names may be regarded as unrestricted in respect of trademark and brand protection legislation and could thus be used by anyone.

Cover image: www.ingimage.com

Publisher: Éditions universitaires européennes is an imprint of the publishing house
Südwestdeutscher Verlag für Hochschulschriften Aktiengesellschaft & Co. KG
Dudweiler Landstr. 99, 66123 Saarbrücken, Germany
Phone +49 681 37 20 271-1, Fax +49 681 37 20 271-0
Email: info@editions-ue.com

Printed in the U.S.A.
Printed in the U.K. by (see last page)
ISBN: 978-613-1-51914-7

Sommaire

Le projet iCareProMoT (intelligent Care Process Modeling Tool) se veut une réponse au problème de surcharge informationnelle auquel sont confrontés les médecins. La solution préconisée consiste en un système de gestion des connaissances médicales qui, à partir d'un modèle de stratégie de soins développé par l'usager, extrait, analyse et représente les connaissances en lien avec celui-ci. La littérature médicale et les entrepôts de données cliniques ont été évalués comme sources de données pour l'extraction de connaissances.

Le présent mémoire établit d'abord les fondations d'iCareProMoT par une synthèse de la littérature de divers domaines portant sur la gestion des connaissances médicales. Ensuite, il présente un prototype permettant la conception d'analyses bayésiennes des données de CIRESSS, un entrepôt de données médicales basé au CHUS. Finalement, les résultats de deux analyses portant sur le syndrome coronarien aigu sont présentés.

Remerciements

Je remercie tout d'abord André Mayers et Sylvain Giroux, les co-directeurs de cette maîtrise pour le judicieux encadrement qu'ils m'ont offert et qui m'a permis d'aller au bout de mon potentiel.

Je tiens aussi à remercier le Dr. Andrew Grant, directeur du CRED, ainsi que Charaf Ahnadi, Paul Fabry et Albert Tsanaclis, qui ont rendu possible ce projet et qui ont facilité mon intégration dans l'univers médical. Je tiens spécifiquement à les remercier pour leur patience et leur volonté de surpasser les problèmes de communication inhérents à la multi-diciplinarité.

J'adresse aussi mes remerciements les plus sincères aux membres du jury pour la lecture de ce mémoire et leurs commentaires.

Finalement, je tiens à remercier ma compagne Marion Séré pour son soutien indéfectible ainsi que pour les nombreuses relectures et corrections qu'elle a su faire avec beaucoup d'enthousiasme.

Abréviations

BC : Base de connaissances

BD : Base de données

BDO : Base de données opérationnelles

CIM : Classification internationale des maladies

CIRESSS : Centre Informatisé de Recherche Évaluative en Soins et Systèmes de la Santé

CK-MB : Créatine kinase et sa fraction MB

DPE : Dossier patient électronique

DT : Douleur thoracique

EAV : Entité-Attribut-Valeur

ECG : Électrocardiogramme

ED : Entrepôt de données

EDC : Entrepôt de données cliniques

ETL : Extract, Transform, Load

GC : Gestion des connaissances

HOLAP : Hybrid On-line Analytical Processing

MF : Médecine factuelle

MOLAP : Multidimensional On-line Analytical Processing

OLAP : On-line Analytical Processing

RB : Réseau bayésien

ROLAP : Relational On-line Analytical Processing

SCA : Syndrome coronarien aigu

SGBD : Système de gestion de base de données

TCP : Table de probabilités conditionnelles

TnT : Troponine T

Table des matières

Table des figures

Introduction

Contexte médical

Un changement dans la pratique

Au tournant des années 90, la notion de médecine factuelle, une traduction de *evidence-based medicine*, poussée par les avancées technologiques et l'explosion du coûts des soins de santé, gagne du terrain. Cette approche est définie comme «l'utilisation consciencieuse, explicite et judicieuse des meilleures connaissances actuelles dans le processus de décision concernant le traitement d'un patient» [54]. Elle a pour objectif : (1) de déterminer et maintenir des standards de soins de haute qualité, (2) d'accélérer le processus de transfert des découvertes de la recherche clinique vers la pratique et (3) de réduire significativement les coûts en diminuant le nombre d'actes médicaux non nécessaires.

Ce changement dans la pratique a poussé plusieurs groupes à évaluer la qualité des soins. Leur initiative a permis de prendre conscience de l'ampleur de la crise, notamment aux États-Unis, en Australie et en Grande-Bretagne [32, 5, 16].

Plusieurs des recommandations qui ont émergé de ces constats ont mis l'emphase sur l'utilisation efficace des technologies de l'information pour améliorer la qualité des soins et réduire les coûts. L'informatisation de la santé, qui a suivi ces recommandations, s'est orientée vers l'implémentation du dossier patient électronique (DPE), l'échange sécurisé d'informations médicales, la dissémination de guides de bonne pratique appelés lignes directrices cliniques et un soutien à la médecine factuelle.

Pour que le programme de la médecine factuelle soit possible, les professionnels de la santé doivent avoir accès rapidement aux meilleures informations disponibles.

1

Toutefois, les avancées technologiques dans le domaine de la recherche médicale ont pour effet d'augmenter considérablement la quantité d'informations accessibles. Les intervenants font aujourd'hui face à une importante surcharge informationnelle et sont souvent confrontés à des informations contradictoires. Cette profusion rend difficile l'accès aux informations critiques pour la prise d'une décision au moment de la rencontre avec le patient [24, 14].

La gestion des connaissances cliniques

La gestion des connaissances se définit comme «un système et une approche de gestion pour la cueillette, l'utilisation, l'analyse, le partage et la découverte des connaissances d'une organisation ou communauté pour en maximiser les performances» [9]. La nécessité d'appliquer au domaine clinique des stratégies et des systèmes efficaces de gestion des connaissances est aujourd'hui reconnue par l'ensemble des organismes médicaux en Occident [60, 13, 21, 58]. Plusieurs technologies ont déjà été mises en place pour soutenir cette gestion des connaissances. Elles visent particulièrement le développement et l'implémentation :

- de standards médicaux et organisationnels tels que des lignes directrices ;
- de systèmes d'évaluation coûts/bénéfices ;
- d'infrastructures de collaboration entre les professionnels de la santé ;
- de méthodes et systèmes supportant l'amélioration de la pratique quotidienne des médecins en leur donnant accès aux connaissances dont ils ont besoin.

Malgré ces développements, la gestion des connaissances cliniques offre encore plusieurs défis tels que :

- la prise en compte, par des standards, du haut degré de flexibilité inhérent à la pratique médicale,
- l'intégration difficile des systèmes de gestion des connaissances au système d'information de l'hôpital,
- l'absence de standards et de modèles permettant l'utilisation des connaissances médico-économiques,
- la résistance au changement du personnel médical et sa méconnaissance des outils informatiques.

De plus, les groupes offrant des soins de santé possèdent généralement une forte culture organisationnelle. Cette tendance les mène à privilégier des processus collectifs de gestion des connaissances, c'est-à-dire basés sur une interaction entre les personnes menant à une organisation du travail particulière, plutôt que des processus basés sur l'utilisation de technologies de l'information. Partant de ce constat, Ghosh et Scott [21] sont parvenus à la conclusion que, pour être adapté à ce genre d'organisation, un outil informatique doit fournir :

1. une gestion personnalisée de l'information capturée ;

2. un support pour la communication en temps réel entre les praticiens ;

3. des activités collectives de création de connaissances.

Les sources de connaissances cliniques

Il existe plusieurs sources de connaissances cliniques. La première est sans doute l'expert. Bien que cette source soit essentielle, la médecine factuelle apporte la nécessité de revoir continuellement cette connaissance sur la base des nouvelles découvertes. Une deuxième source est incarnée par les résultats de la recherche encodés en langage naturel sous forme d'article. Bien que facile à interpréter par un être humain, cet encodage l'est très difficilement par une machine. L'identification et l'extraction de connaissances pertinentes au sein d'un corpus de textes sont des tâches qui, pour le moment, rencontrent peu de succès. Une troisième source de connaissances est représentée par les entrepôts de données cliniques. Ce type de base de données contient des quantités astronomiques d'informations sur la façon dont sont traités les patients. Plusieurs initiatives ont permis de démontrer l'intérêt de cette source pour supporter l'amélioration des soins dans le cadre de la médecine factuelle [23].

Un système de gestion des connaissances pour le CHUS

Le Centre Hospitalier Universitaire de Sherbrooke est un lieu de choix pour le développement d'un nouveau type d'outil de gestion des connaissances. En plus d'être

3

INTRODUCTION

un milieu dynamique et à l'affût de nouvelles techniques pour améliorer les soins, il est un des partenaires du projet IRIS-Q (Infostructure de recherche intégrée en santé du Québec) mis sur pied en 2002 par la Fondation canadienne de l'innovation (FCI). Ce projet, réalisé en collaboration avec le Ministère de la santé et des services sociaux du Québec (MSSS) ainsi que trois autres centres hospitaliers universitaires du Québec (CUSM, CHUM, CHUQ), a pour objectif de mettre en place un réseau d'entrepôts de données cliniques.

Le premier projet d'entrepôts de données cliniques, nommé CIRESSS (Centre Informatisé de Recherche Évaluative en Soins et Systèmes de la Santé), a été développé au CHUS en 2004 par Sand Technologie. Celui-ci est mis à jour toutes les 24 heures avec les nouvelles données d'Ariane, le système de gestion des dossiers patient électroniques de l'hôpital. Il intègre également les données du système Med-Echo, un système de maintenance et d'exploitation des données pour l'étude de la clientèle hospitalière géré par le Ministère de la santé du Québec. Med-Echo contient des codes DRG (Diagnosis Related Group) basés sur les codes CIM-9 (Classification internationale des maladies) contenus au sein des dossiers patients électroniques. Une dénominalisation et un chiffrement des données sensibles sont effectués lors du transfert des données dans le but d'en assurer la confidentialité.

Peu d'outils permettant l'exploitation de CIRESSS ont été développés à ce jour. Le premier est NucleusQuery/Brio fourni par Sand Technologie. Il permet la construction visuelle de requêtes et leur exécution. L'usage de cet outil nécessite un niveau relativement élevé de connaissance dans le domaine des bases de données.

Un certain nombre de tableaux de bord ont aussi été développés, notamment pour le département des urgences et celui de la pharmacie. Ce type d'application est conçu de manière à répondre rapidement à un besoin informationnel lors d'une prise de décision. Il vise la convivialité et ne nécessite qu'une formation de base en informatique. Cette facilité d'utilisation vient toutefois avec une diminution de la flexibilité. Les requêtes, outils d'analyses et interfaces sont prédéfinis et spécialisés pour répondre à des besoins précis. Les possibilités de personnalisation de l'outil sont limitées.

4

Le projet iCareProMoT

Le projet iCareProMoT (intelligent Care Process Modeling Tool) explore l'opportunité de développer un outil de gestion des connaissances cliniques nécessaires au traitement d'une pathologie ou d'un symptôme particulier. Nous souhaitons qu'il soit plus facile à utiliser que NucleusQuery/Brio, mais aussi plus flexible que les tableaux de bord. Son but premier est de stimuler l'apprentissage des cliniciens en offrant un modèle personnalisé des connaissances pouvant répondre à des questions précises. Un tel système intègre les connaissances du clinicien qui sont ensuite utilisées par des outils d'extraction et d'analyse des données provenant de la littérature médicale et de CIRESSS. Ce système pourra ainsi, d'une part, répondre au problème de surcharge informationnelle en identifiant et en pré-traitant la littérature pertinente et d'autre part, répondre au problème de l'adaptation des pratiques aux particularités locales par l'analyse de CIRESSS.

Problématique et objectif

Aucun des outils de gestion de connaissances cliniques rencontrés à ce jour ne propose une intégration complète des connaissances de l'expert, de la littérature et des entrepôts de données cliniques. La conception et la réalisation d'un tel système représentent une entreprise considérable qui nécessite avant tout un travail préparatoire important afin de mieux comprendre les aspects informatiques et médicaux à prendre en compte. Ce mémoire évalue, de façon préliminaire, deux hypothèses. La première est que la représentation des connaissances relatives au traitement médical d'un patient peut être faite par un formalisme basé sur les graphes, que nous appelons modèle de stratégie de soins, et que cette représentation facilite la manipulation et l'analyse de ces connaissances. La deuxième pose que CIRESSS contient des informations pertinentes et exploitables permettant de répondre à des questions concernant des modèles de stratégie de soins quelconques.

Méthodologie

Pour répondre à ces objectifs et vérifier nos hypothèses, nous avons dans un premier temps exploré les théories et techniques existantes concernant la conception d'un système de gestion des connaissances médicales. Le résultat de ces recherches, qui fait l'objet du chapitre 1, consiste en une introduction à la gestion des connaissances médicales et à la définition d'une ontologie de la stratégie de soins, élément central d'un système de gestion des connaissances.

Le chapitre 2 explique ce qu'est CIRESSS et présente la méthode que nous avons définie pour en extraire des données relatives à une stratégie de soins. Le chapitre commence par une introduction aux entrepôts de données et aux entrepôts de données cliniques. Suit une analyse du schéma conceptuel de CIRESSS et des aspects liés à la sécurité des données. Nous concluons ce chapitre sur un modèle de parcours de soins permettant l'extraction des données de CIRESSS et leur analyse par le biais de modèles de stratégies de soins.

Pour valider nos hypothèses, nous avons développé un prototype permettant l'analyse des données de CIRESSS à l'aide de réseaux bayésiens. Nous avons choisi ce modèle car, d'une part, il permet une représentation efficace des liens de corrélations et de causalités qui sont des aspects importants du traitement médical. D'autre part, les réseaux bayésiens ont une représentation en graphe compatible avec celle que nous avons développée pour les stratégies de soins. La spécification fonctionnelle ainsi que les détails techniques de la conception du prototype font l'objet du chapitre 3.

Le chapitre 4 décrit deux analyses des données portant sur la prise en charge de la douleur thoracique à l'urgence et le traitement du syndrome coronarien aigu. Ces analyses nous permettent de conclure sur la validité de notre modèle et sur l'intérêt de celui-ci d'un point de vue médical.

Chapitre 1

La gestion des connaissances des stratégies de soins

La gestion des connaissances est une entreprise complexe qui exige des techniques issues de plusieurs domaines de l'informatique et en particulier de l'intelligence artificielle. Une revue de la littérature [34], basée sur 234 articles parus entre 1995 et 2002 et ayant pour sujet la gestion des connaissances, a mené à la définition de sept catégories de technologies utiles ou nécessaires pour concevoir un tel système. Ces catégories sont :

- les cadres d'applications de gestion des connaissances (knowledge management framework) ;
- les systèmes de gestion des connaissances (knowledge-based systems) ;
- le forage de données ;
- les technologies de l'information et des communications ;
- l'intelligence artificielle et les systèmes experts ;
- les bases de données ;
- la représentation des connaissances.

Afin d'être en mesure de développer et comprendre iCareProMoT, nous croyons qu'il est nécessaire de développer une compréhension suffisamment approfondie d'un certain nombre des notions et technologies appartenant au domaine de la gestion des connaissances. Ainsi, ce chapitre présente trois de ces catégories soit : les cadres d'applications de gestion des connaissances, la représentation des connaissances et le forage de données. L'étude de ces notions jette les bases théoriques pour les travaux futurs.

L'élément central du développement d'un logiciel de gestion des connaissances est l'objet de connaissance à manipuler. Dans le cas d'iCareProMoT, cet objet de connaissance est la stratégie de soins. Le chapitre se termine donc sur une définition préliminaire de cette notion et sur une ébauche d'ontologie permettant de l'exprimer de manière formelle.

1.1 Les cadres d'applications de gestion des connaissances

Un cadre d'application de gestion des connaissances est une théorie sur ce qu'est la connaissance, comment elle est créée, mesurée, communiquée et intégrée. Nombreuses sont les théories qui essaient de définir ce qu'est la connaissance et comment la gérer. Si le besoin d'une telle théorie est largement reconnu, il n'y a pas, à ce jour, de consensus établi en la matière [7]. Initialement, l'existence de la gestion des connaissances en tant qu'entité distincte de celle de la gestion de l'information a été fortement questionnée et l'est encore aujourd'hui [31]. Toutefois, il semble que ces critiques prennent racines dans la confusion qui règne sur la distinction entre connaissance et information [7]. Le sujet étant très vaste, nous nous limitons à une introduction des concepts clés pour la fondation de notre travail. Une couverture plus complète du sujet a été produite par Bouthillier et Shearer (2002).

1.1.1 La gestion des connaissances

Plusieurs définitions de la notion de gestion des connaissances ont été données. De celles rencontrées, nous avons retenu la suivante pour sa généralité : la gestion des connaissances est le nom donné à l'ensemble des actions systématiques qu'une organisation effectue pour extraire une plus grande valeur de la connaissance mise à sa disposition [40]. Pour définir quelles sont ces *actions systématiques*, il faut comprendre ce qu'est la connaissance. La définition de cette notion se fait par contraste avec celles

8

de *donnée*, *d'information* et *d'intelligence*.

Donnée, information, connaissance et intelligence

Les définitions de ces notions varient légèrement en fonction de la discipline de l'auteur. L'office québécois de la langue française, que nous considérons comme relativement neutre face à ces disciplines, donne les définitions suivantes :

- une **donnée** est un «élément (fait, chiffre, etc.) qui est une information de base sur laquelle peuvent s'appuyer des décisions, des raisonnements, des recherches et qui est traitée par l'humain avec ou sans l'aide de l'informatique» ;
- une **information** est un «renseignement consigné sur un support quelconque dans un but de transmission des connaissances» ;
- la **connaissance** est le «produit d'un acte cognitif universellement contrôlable» ;
- l' **intelligence** est la «conception pluraliste du capital intellectuel accumulé par l'expérience».

Celles de Meadow et al. [7], des experts en gestion de l'information, sont un peu plus précises :

- les données font référence à une chaîne de symboles élémentaires tels que des nombres et des lettres ;
- l'information n'a pas de signification universellement acceptée mais porte généralement l'idée de données évaluées, validées ou utiles ;
- la connaissance, quant à elle, implique un plus haut degré de certitude ou de validité que l'information et est généralement partagée et reconnue au sein d'une communauté ;
- l'intelligence pour ces auteurs est une forme d'information mais aussi une mesure de la capacité de raisonnement.

Selon Chen et al. : «Même s'il n'y a pas de définition universelle de ce qu'est la connaissance, il est généralement admis qu'il y a un continuum entre donnée, information et connaissance. Une donnée est généralement structurée, factuelle, numérique et stockée dans un système de gestion de bases de données. Une information est factuelle mais non structurée et bien souvent encodée sous une forme textuelle. La connaissance est déductive, abstraite et est nécessaire à la prise de décision et la génération d'hypothèses.» [10]

Bien comprendre la différence entre ces concepts permet de mieux comprendre la distinction entre la gestion de l'information et la gestion des connaissances. Au delà d'un système informatique, la gestion des connaissances requière une théorie permettant de comprendre les mécanismes menant à la création et la communication de cette connaissance.

1.1.2 Une typologie de la connaissance

Il existe plusieurs typologies permettant de catégoriser la connaissance [7]. Une des premières, et peut-être la plus influente dans le domaine de la gestion des connaissances, est celle de Polanyi [51] qui établit la distinction entre les connaissances tacites et explicites. Cette distinction fut popularisée par Nonaka et Takeuchi [43].

Connaissance tacite et explicite

Selon Polanyi, «nous en savons plus que ce que nous pouvons dire» et la connaissance que nous pouvons exprimer n'en est qu'une petite partie. Ce constat le mena à faire la distinction entre connaissances tacites et connaissances explicites [51]. Les connaissances tacites font référence à celles difficiles à formaliser et articuler. Elles sont personnelles et spécifiques au contexte. Inversement, les connaissances explicites sont constituées de faits, de règles ou de politiques qui peuvent être encodés sur support papier ou électronique et partagées sans interaction interpersonnelle. Nonaka a utilisé cette distinction pour caractériser la création et l'évolution des connaissances au sein d'une organisation [42].

Modèles de gestion des connaissances

Plusieurs modèles de gestion des connaissances organisationnelles basés sur différentes typologies ont été développés [34, 31]. Toutefois, celui de Nonaka [42] est encore un des plus influents à ce jour. En se basant sur le postulat que la connaissance est créée par un processus de conversion des connaissances tacites en explicites, il a défini quatre modes de conversion illustrés par la figure 1.1 :

– Socialisation : partage des connaissances tacites par le contact avec d'autres personnes ;

10

- Externalisation : conceptualisation des connaissances tacites dans le but de les communiquer ;
- Combinaison : création de nouvelles connaissances par la combinaison des connaissances explicites lors d'interactions sociales ;
- Internalisation : processus d'apprentissage par l'action. Les connaissances explicites partagées lors des interactions sont intégrées graduellement au modèle mental de l'individu.

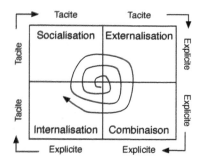

FIG. 1.1 – Le modèle SECI

Depuis la définition de ce modèle, plusieurs chercheurs ont tenté de l'améliorer ou de le redéfinir afin de prendre en compte divers aspects de la gestion des connaissances. Par exemple, dans le modèle de W.R. King et al., en plus de définir un processus de création de la connaissance basé sur celui de Nonaka, ils ajoutent les processus d'acquisition, raffinement, stockage, transfert et utilisation de la connaissance [31].

1.2 La représentation des connaissances

La représentation des connaissances est un champ d'étude qui prend ses origines dans les sciences cognitives, l'intelligence artificielle et la philosophie. C'est pourquoi nous y retrouvons un large éventail de considérations allant de l'aspect épistémologique au problème de gestion de grandes quantités de données. Cette diversité est unifiée par la nécessité d'encoder la connaissance humaine de manière à pouvoir l'utiliser efficacement. Ce but nous semble bien résumé par «l'Hypothèse de la Représentation des Connaissances» : Tout processus intelligent incarné par un mécanisme sera d'abord représenté par des éléments que nous, en tant qu'observateur externe, utilisons naturellement pour représenter ce processus. Indépendamment de cette attribution sémantique externe, ces éléments jouent un rôle formel permettant d'engendrer les comportements manifestés par cette connaissance. [59]

Une représentation adéquate d'une connaissance doit donc être dans une forme compréhensible par un humain et doit permettre au système qui l'utilise de se comporter comme s'il comprenait cette connaissance. Les ontologies permettent ce type de représentation.

1.2.1 Les ontologies

L'étymologie du terme *ontologie* renvoie à la *théorie de l'existence*, notion qui a d'abord été étudiée par les philosophes. Une définition couramment donnée dans le domaine de la philosophie est : «Partie de la métaphysique qui s'applique à *l'être en tant qu'être* (Aristote), indépendamment de ses déterminations particulières.» [Office de la langue française, 1991]

En informatique, les ontologies relèvent de l'intelligence artificielle et sont des spécifications de conceptualisation de domaine de connaissance [25]. Le terme *conceptualisation* renvoie au fait qu'une ontologie est un choix quant à la manière de décrire un domaine et qu'elle est une *spécification* de cette conceptualisation, autrement dit, une description formelle. Les ontologies permettent, entre autres, «d'implanter des mécanismes de raisonnement déductif, de classification automatique, de recherche d'information, et d'assurer l'interopérabilité entre plusieurs systèmes de ce type» [20].

Pour une introduction complète et accessible sur l'utilisation des ontologies en informatique, nous suggérons celle de Fabien Gandon présentée sur le site d'Interstices [20].

Le spectre sémantique

Selon le système informatique qui l'utilise, plusieurs aspects d'une ontologie peuvent varier tels que le niveau de formalisme, le domaine de connaissance, la complexité ou encore la granularité. Cette diversité de besoins a donné lieu à un ensemble de types d'ontologies pouvant être classées le long d'un spectre sémantique représentant leur niveau de formalisme. La classification suivante, qui va du type le plus simple au plus élaboré, est largement inspirée de celle donnée par Stefano Borgo [6] :

Catalogue : un ensemble de termes sans spécification formelle sur la manière de les définir. Un catalogue peut être une simple énumération de termes.

Glossaire : un ensemble de termes comprenant une définition en langage naturel pour chacun d'eux.

Vocabulaire contrôlé : un ensemble de termes énumérés de manière explicite par une autorité compétente. En principe, tous les termes sont définis de manière non ambiguë. Si plusieurs termes font référence au même concept, un seul est défini comme terme préféré et les autres comme synonymes.

Topic Map : un standard ISO permettant de décrire des structures de connaissances. Les sujets, associations et occurrences qui composent un Topic Map permettent de décrire des structures complexes de manière informelle. Un Topic Map est un hyper-graphe, c'est-à-dire un graphe où les arêtes peuvent relier plus de deux sommets.

Taxonomie : un vocabulaire contrôlé organisé de manière hiérarchique. Il peut y avoir plus d'un type de relation de subsomption au sein de la taxonomie (tout-partie, générique-spécifique, genre-espèce, type-instance). Une taxonomie est un ensemble de graphes dirigés acycliques.

Thésaurus : une taxonomie augmentée de relations d'équivalence/association (synonyme à, relié à, similaire à, ...). Le nombre de types de relation peut varier mais il est généralement restreint. Il s'agit du type de vocabulaire contrôlé le plus complexe. Un thésaurus est un multi-graphe.

Schéma conceptuel : un ensemble de termes, d'attributs et de relations associés à une description explicite, à des règles d'utilisation et parfois à des contraintes de cardinalité. Un schéma conceptuel est un hyper-graphe.

Ontologie formelle : le type d'ontologie la plus expressive et basée, par exemple, sur la logique du premier ordre, une logique d'ordre supérieur ou la logique modale.

Nous soulignons que les catalogues, glossaires, et vocabulaires contrôlés ne sont généralement pas considérés comme des ontologies mais comme des terminologies tant leur puissance expressive est faible.

Les niveaux de connaissance

Une autre dimension de la classification des ontologies est le niveau de connaissance qu'elles tentent de capturer. Par exemple, le modèle de développement de système d'information ODIS (Ontology-Driven Information Systems) illustre comment quatre types distincts d'ontologies (de haut niveau, de tâche, du domaine et d'application) peuvent être utilisés pour la conception d'un tel système. Ces quatre types se positionnent à trois niveaux différents. Chacun des niveaux reposent sur le niveau précédent. Le diagramme suivant (1.2) illustre cette classification.

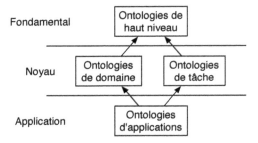

FIG. 1.2 – Type d'ontologies par niveau

Les ontologies de haut niveau décrivent les concepts généraux tels que les entités, les évènements, les processus, l'espace, le temps, les relations tout-partie (ex. : relation entre le corps et les organes), etc. Le but est de fournir une ontologie qui caractérise les entités et les relations qui sont communes à tous les domaines.

Les ontologies du niveau noyau spécialisent des concepts fondamentaux pour représenter les concepts généraux utilisés par une communauté ou un champ d'application. Par exemple, de la notion de processus peut être dérivée celle de processus de digestion. Ces concepts sont souvent développées dans le but

14

de faciliter les échanges d'informations entre divers groupes. Les ontologies de domaine se spécialisent dans la représentation des entités propres à un domaine spécifique (anatomie, astrophysique, etc) alors que les ontologies de tâche se spécialisent dans la représentation des processus (le diagnostic, la vente, etc). Une ontologie de tâche peut être utilisée pour plusieurs domaines, elle est dans ce sens indépendante d'une ontologie spécifique de domaine.

Les ontologies du niveau application sont développées pour représenter les concepts spécifiques à un système d'information. Souvent, elles étendent ou spécialisent des concepts d'une ontologie de domaine ou de tâche.

Un des principaux intérêts du découpage des connaissances en niveau est la factorisation des connaissances permettant ainsi une gestion et une réutilisation plus efficaces des ontologies.

1.2.2 Les ontologies médicales

Selon OpenClinical [1], les ontologies, dans le milieu de la santé, permettent de :
- concevoir des systèmes d'information plus interopérables ;
- faciliter les processus de transmission, de réutilisation et de partage des données cliniques ;
- faciliter la définition des critères basés sur la sémantique afin de concevoir des analyses statistiques ;
- faciliter l'intégration des données et des connaissances.

Pour répondre à ces besoins, plusieurs terminologies médicales ont été développées. Les plus connues sont la CIM (Classification Internationale des Maladies), le MeSH (Medical Subject Headings), la GO (Gene Ontology) et la SNOMED CT (Systematized NOmenclature of MEDicine Clinical Terms). L'annexe A contient une brève description de celles-ci et de quelques autres.

Bien que ces terminologies aient leur intérêt, elles ne permettent pas de répondre aux besoins définis par OpenClinical. C'est pourquoi plusieurs ontologies ayant un

---

[1] Organisme à but non lucratif reconnu internationalement qui a pour objectif de fournir un ensemble de ressources concernant des méthodes de gestion des connaissances, des technologies et des applications portant sur les soins de santé.

niveau de formalisme plus élevé ont aussi été développées. Nous présentons ici le RIM de HL7 et UMLS.

HL7-RIM

HL7 (Health Level Seven), du nom de l'organisation qui le développe, est un standard permettant l'échange de messages entre systèmes d'informations. Le RIM (Reference Information Model), dont la version 2.5 a été approuvée en tant que standard ANSI en 2003 et dont la version 3 est en cours de développement, est la pierre angulaire du standard HL7. Il définit, sous la forme d'un diagramme de classe UML, la structure des messages en contextes cliniques et administratifs ainsi qu'une représentation explicite des liens sémantiques et lexicaux qui existent entre les informations encodées par le message.

Parmi les autres standards développés par l'organisme, notons le CDA (Clinical Document Architecture), un standard d'échange de documents cliniques, et GELLO, un langage formel, orienté objet et basé sur le OCL (Object Constraint Language).

UMLS

UMLS (Unified Medical Language System) est un référentiel de terminologies biomédicales développé par le US National Library of Medicine. Il intègre plus de 60 familles de terminologies médicales à partir desquelles ont été identifiées plus de 2 millions de noms pour environ 900 000 concepts et 12 millions de relations entre ces concepts. Le UMLS Metathesaurus intègre notamment la taxonomie NCBI, Gene Ontology, FMA, MeSH, OMIN, le Digital Anatomist Symbolic Knowledge Base et SNOMED CT. En plus du Methathesaurus, UMLS contient un réseau sémantique, appelé Semantic Network, qui représente une catégorisation de tous les concepts du Methathesaurus et les relations qui existent entre ces concepts. Présentement, la version de UMLS comprend 135 types sémantiques et 54 types de relations. UMLS contient également un outil de support lexical pour le traitement du langage naturel appelé SPECIALIST Lexicon. L'entrée lexicale pour chaque terme comprend des informations syntaxiques, morphologiques et orthographiques. De plus, l'outil en ligne MetaMap permet d'obtenir la liste des concepts du Methathesaurus contenus

16

dans un texte. UMLS donne accès au Methathesaurus, au Semantic Network et au SPECIALIST Lexicon via le *UMLS Knowledge Source Server* (UMLSKS)[1]

Ni HL7 ni UMLS ne fournissent d'ontologie formelle. Le RIM, puisqu'il utilise les diagrammes de classe UML est au niveau du schéma conceptuel. Le Methathesaurus d'UMLS est un vocabulaire contrôlé et le Semantic Network, un thésaurus. Il n'existe pas, pour le moment, d'organisme internationalement reconnu qui aurait pour objectif le développement d'un système ontologique formel appliqué au domaine médical.

1.2.3 Les logiques de description

Pour pouvoir être manipulé par un ordinateur, la connaissance doit être encodée à l'aide d'un langage formel. Tel que nous l'avons vue avec le spectre sémantique, plus la puissance expressive du langage est grande, plus la richesse des connaissances encodées peut être grande. Ainsi, un choix éclairé du langage ontologique pour le développement de la base de connaissance est capital.

Il existe divers langages formels de représentation des connaissances dont la logique propositionnelle, la logique des prédicats, les systèmes à base de règles, les réseaux sémantiques et les cadres. Pour le développement d'iCareProMoT, nous suggérons le Ontologic Web Language (OWL) du W3C. Ce langage fait parti de la famille des logiques de description, une extension des cadres de Minsky et des réseaux sémantiques de Quillian basé sur la logique du premier ordre. Le livre de Baarder et al. *The Description Logic Handbook : Theory, implementation, Applications* [2] constitue une référence en la matière. Pour une introduction en français, nous suggérons la lecture de *Une introduction aux logiques de description* par Philippe Fournier-Viger [15].

L'intérêt premier de OWL, en plus de son expressivité, est qu'il sert de standard pour le développement du Web sémantique, aussi appelé Web 2.0, mais aussi pour de nombreux autres projets dont plusieurs de nature médicale [36, 55, 55, 4, 22, 3, 29]. Le développement dont il bénéficie, soutenu par une large communauté provenant de divers milieux, rend plus que probable l'émergence de technologies adéquates pour le développement de notre base de connaissance.

1.3 La découverte de connaissances

La découverte de connaissances est définie comme un processus d'extraction non trivial d'informations implicitement présentes dans les données et potentiellement utiles pour l'usager [19]. Les données contenant ces connaissances potentielles peuvent se retrouver sous une forme très structurée, comme dans le cas d'une base de données (BD) opérationnelle, ou sous une forme peu, voire non structurée comme dans le cas d'un texte en langage naturel. Nous présentons ici brièvement les techniques d'extraction associées à ces deux types de données.

1.3.1 Les données structurées

La découverte de connaissances dans une BD est un processus automatique de découverte de connaissances (motifs, règles, etc) implicitement présentes dans un large ensemble de données. Ce champ d'étude combine intelligence artificielle, informatique, apprentissage automatique, bases de données, visualisation des données, algorithmie et statistiques [34]. Telles que schématisées par la figure 1.3, les principales étapes du processus de découverte sont la sélection, le pré-traitement, la transformation, le forage et l'interprétation-évaluation des connaissances découvertes.

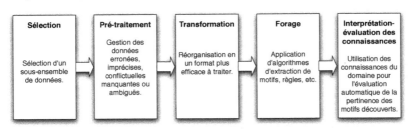

FIG. 1.3 – Processus de découverte de connaissances dans une BD

Généralement, les BD contiennent un volume de données très important. Pour des raisons de performance, seul un sous-ensemble peut être analysé par un outil de forage. Ce sous-ensemble contient généralement des données bruitées, c'est-à-dire erronées, imprécises, conflictuelles, manquantes ou ambiguës. Le nettoyage de ces données et leur transformation en un format approprié permettent d'obtenir un ensemble prêt pour l'application d'une technique de forage de données. Le terme *forage de données* est souvent utilisé comme un synonyme de *découverte de connaissances dans une BD*. Cependant, le forage n'est que la partie centrale du processus complet de découverte [11]. Le résultat du forage est généralement un ensemble de motifs dont certains représentent possiblement une nouvelle connaissance. Bien que les ontologies de domaines soient reconnues comme une technologie de choix pour supporter l'ensemble du processus [8] et que des résultats intéressants aient déjà été obtenus [33], nous soulignons que l'automatisation et l'utilisation efficace de ces techniques par des non spécialistes de ce domaine représentent un défi considérable.

1.3.2 Les données en langage naturel

La pratique de la médecine factuelle est une activité exigeante car elle nécessite d'être basée sur les meilleures connaissances scientifiques disponibles. Toutefois, l'évolution extrêmement rapide de la recherche et de la littérature qu'elle produit rend cette tâche pratiquement impossible [38]. Des outils de forage de texte (text-mining) répondent à ce problème en assistant le médecin dans la recherche, l'extraction, l'organisation et la présentation des connaissances qui se trouvent dans cette littérature [53, 39].

Les techniques

Le domaine du forage de texte regroupe un ensemble de techniques permettant l'extraction d'informations et de connaissances non triviales et pertinentes au sein de textes non structurés. Nous en produisons ici une liste non exhaustive :

- L'agrégation et classification de documents : Ces techniques permettent d'organiser en petits groupes un ensemble de textes autour de catégories sur la base de leurs contenus. Les méthodes de classification peuvent être divisées en deux types : les méthodes supervisées, où un agent externe détermine les catégories à utiliser, et les méthodes non supervisées qui tentent de déterminer automatiquement les meilleures catégories à utiliser.
- La recherche documentaire (Information retrieval) : les outils de recherche do-

19

cumentaire permettent la recherche de documents textes, sonores ou graphiques contenus au sein de banques de documents volumineuses. Cette recherche est généralement effectuée à l'aide d'une simple liste de termes.

– Le raffinement de requêtes : il est parfois difficile d'identifier correctement les termes les plus utiles pour effectuer une recherche documentaire. Les techniques de raffinement de requêtes permettent par exemple de retrouver les documents similaires à un document pré-sélectionné par l'usager.

– L'extraction d'informations : cette technique, qui est une spécialisation de la recherche documentaire, permet l'extraction automatique de certains types de faits ou assertions dans une forme structurée ou semi-structurée à partir de textes écrits en langage naturel.

– La synthèse automatique de document : les techniques de synthèse de document permettent l'extraction automatique du sommaire d'un texte. La synthèse peut aller d'une simple extraction de mots clés à la constitution de textes en langage naturel.

– L'identification d'entité (Name entity recognition) : cette technique est une spécialisation de l'extraction d'informations. Elle permet la classification automatique d'éléments d'un texte en des catégories prédéfinies telles que : nom de personne, organisation, lieu, quantité, etc. Un exemple d'un tel outil est MetaMap qui permet la découverte de concepts du Metathesaurus d'UMLS à l'intérieur de textes médicaux.

– Traitement automatique des langues (TAL) : le TAL est un champ d'étude à la frontière entre l'intelligence artificielle et la linguistique. Il étudie les problèmes inhérents au traitement, à la manipulation et à la compréhension du langage naturel par une machine.

– Systèmes de question et réponse : ces systèmes constituent un type de recherche documentaire qui produit des réponses à des questions posées en langage naturel à partir de larges ensembles de documents. Ils requièrent toutefois des techniques avancées de TAL et sont vus comme les successeurs des engins de recherche actuels.

– Visualisation : l'extraction de l'information n'est qu'une partie du processus de la découverte. L'organisation visuelle et la manipulation des informations obtenues en sont aussi une part importante.

1.4 L'ontologie de stratégies de soins

Nous définissons la notion de stratégie de soins en tant que : *modèle cognitif comprenant l'ensemble des connaissances médicales nécessaires au traitement de pathologies ou de symptômes.* Notons que nous écartons de notre définition tout aspect administratif ou organisationnel. Les connaissances d'un modèle cognitif étant tacites, un modèle explicite est nécessaire afin de permettre leur manipulation dans le cadre d'iCareProMoT. Une définition formelle de la notion de stratégie de soins est donc requise.

Le seul champ d'étude médicale rencontré qui étudie la représentation formelle de stratégie de soins est celui des lignes directrices cliniques (LDC). Ces guides de pratiques cliniques s'inscrivent dans le courant de la médecine factuelle qui a pour objectif de baser chaque acte et décision médicale sur la meilleure information scientifique disponible. Bien que la modélisation d'une LDC réponde à un besoin différent du nôtre, l'analyse des résultats des recherches portant sur le sujet nous a permis de mieux comprendre ce qu'est une stratégie de soins et quels sont les éléments ontologiques qui la composent.

Avant d'exposer notre langage ontologique de stratégie de soins, nous proposons une brève introduction aux LDC suivie d'une synthèse des recherches menées sur les méthodologies développées pour les modéliser.

1.4.1 Les lignes directrices cliniques

Selon Field et Lohr [15], une LDC est un énoncé élaboré méthodiquement pour aider les praticiens et les patients à prendre des décisions concernant les soins de santé appropriés pour une situation clinique particulière. Ces outils sont principalement encodés sous forme textuelle ou graphique sans formalisme particulier. Cette forme rend difficile leur dissémination et laisse largement place aux ambiguïtés et inconsistances. L'informatisation des LDC a rapidement été identifiée comme solution à ces problèmes.

Dans un article commandé par OpenClinical en 2002, Yuval Sharar [56] décrit l'intérêt d'outils d'aide à la décision basés sur les LDC, intégrés au sein de l'infrastructure informationnelle des systèmes de santé. Pour être efficaces, ces outils «doivent être connectés avec le dossier patient électronique, utiliser des terminologies médicales standards, avoir une sémantique claire, faciliter la gestion et le partage des connaissances et être suffisamment expressifs et explicites afin de capturer l'intention et les résultats attendus de l'auteur, tout en étant suffisamment flexibles pour laisser de la place aux préférences du médecin au moment de l'application».

1.4.2 Les lignes directrices cliniques informatisées

Plusieurs méthodes permettant l'informatisation des LDC ont été développées par la communauté de l'informatique médicale. Les diverses approches utilisées reflètent les intérêts et le niveau d'expertise des groupes développant ces méthodes.

Étude comparative des lignes directrices cliniques informatisées

En 2003, Peleg et al. [50] ont comparé six modèles de lignes directrices cliniques informatisées : Asbru, EON, GLIF, GUIDE, PRODIGY et PROforma. Une première observation intéressante est que, pour l'ensemble de ces approches, à l'exception d'Asbru, il a été choisi de représenter l'organisation générale d'une LDC en un réseau de tâches qui se déroulent dans le temps. Cette approche a été appelée «task-based paradigm» [17] ou paradigme basé sur les tâches. Les auteurs ont aussi établi qu'il y a consensus sur la nécessité de représenter les décisions et les actions, d'effectuer l'abstraction des données ainsi que d'utiliser un langage formel pour la manipulation des informations concernant le patient et les concepts médicaux. Les différences entre les langages portent essentiellement sur les modèles décisionnels, la représentation des buts et la façon de structurer les actions médicales.

Avant de présenter les points communs, nous dressons un portrait d'ensemble des méthodes étudiées en soulignant les approches et caractéristiques particulières à chacune :

– Asbru [57] met l'emphase sur la spécification des contraintes temporelles et des intentions. La représentation visuelle des plans de Asbru se fait par une vue tri-

22

dimensionnelle dont les axes sont le temps, les plans et le niveau d'imbrication des plans. Elle permet, entre autres, une représentation précise des contraintes temporelles appliquées aux plans.

– EON [62] fournit un ensemble de modèles extensibles et de composantes logicielles pour la création d'application de LDC informatisées. Le développement de EON est maintenant arrêté. Le projet SAGE [61] a repris une partie du travail.

– GLIF [19] met l'accent sur l'importance du partage des LDC entre les institutions et les systèmes informatiques. Les auteurs ont tenté de développer GLIF à partir des caractéristiques les plus prometteuses des autres modèles de LDC et des standards utilisés dans le domaine médical tels que GELLO et le HL7-RIM.

– GUIDE [52] utilise des modèles décisionnels complexes tels que les arbres de décision et les diagrammes d'influence. La validation et l'exécution des modèles se font par l'entremise de réseaux de Pétri.

– PRODIGY [28] fournit un support pour la gestion des maladies chroniques en soins de santé primaires. L'accent est mis sur la production de modèles de lignes directrices cliniques qui soient les plus simples et compréhensibles possibles.

– PROforma [18] utilise le langage R^2L et combine la programmation logique avec la modélisation orientée objet. Le but de PROforma est d'explorer l'expressivité d'un ensemble délibérément minimal de primitives avec pour hypothèse qu'un tel ensemble facilite la démonstration de la cohérence des modèles et l'apprentissage du langage de modélisation.

Les auteurs ont comparé ces modèles selon huit dimensions qui se divisent en deux catégories : l'organisation d'une LDC en tant que plan composé de décision et d'action et la façon de lier le modèle de ligne directrice clinique aux données du patient et aux concepts médicaux. Nous présentons les cinq premières dimensions portant sur l'organisation du plan suivies d'une synthèse des trois dernières portant sur les données de patient et les concepts médicaux.

1- Organisation du plan

Un plan représente l'organisation générale des primitives d'une LDC. Tel que mentionné précédemment, les six modèles utilisent le paradigme des réseaux de tâches pour représenter les plans. En plus des primitives pour les décisions, les actions et les sous-plans imbriqués, les langages utilisent des primitives pour la définition de la condition médicale d'un patient (Scénario ou État de Patient) ainsi que les branchements, la synchronisation et l'attente pour la gestion du flot de contrôle.

Tous les modèles supportent la représentation d'activités séquentielles, itératives, cycliques ou concurrentes. Généralement, une itération est spécifiée par le déclencheur de la première répétition, la durée de chaque cycle, la fréquence de répétitions, le nombre maximal de répétitions, la condition de terminaison et la condition d'abandon. Asbru, EON et GLIF permettent la définition de fréquence d'itération floue comme par exemple : prendre le médicament toutes les 3 à 4 heures.

Les modèles étudiés permettent la spécification de points d'entrée au plan. Ces points d'entrée permettent de situer un patient dans le plan en fonction de son état de santé. PRODIGY et EON utilisent le Scénario alors que GLIF utilise l'État de Patient. Les autres modèles utilisent des expressions permettant de décrire l'état d'un patient au sein de critères de décision ou de pré-conditions qui affectent le flot de contrôle de la ligne directrice clinique.

2 - Spécification des buts et des intentions

En ce qui concerne la spécification des buts et des intentions, les langages se divisent en deux groupes : ceux qui se contentent d'une description textuelle (PRODIGY et GLIF) et ceux qui utilisent des expressions en langage formel, de type logique du première ordre ou logique temporelle, pour les représenter. Ces expressions sont utilisées pour contrôler l'exécution des plans.

3 - Modèles d'action

Les actions permettent de représenter les tâches décrites par une LDC. Les actions de GLIF, EON, PRODIGY et GUIDE ont une propriété permettant de lier l'action à un terme d'un vocabulaire contrôlé comme le HL7-RIM.

4 - Modèles de décision

Le processus de décision est une partie centrale des LDC et les méthodologies étudiées implémentent une variété de modèles de décision comme des systèmes d'aiguillages, des règles d'argumentation pour les choix non-déterministes, des arbres de décision et des diagrammes d'influence. Excepté pour PROforma, ces règles sont utilisées pour contrôler le flot d'exécution du modèle. En ce qui nous concerne, la modélisation des règles décisionnelles a pour but d'extraire, de la littérature ou d'une BD, des informations à leur sujet. Si ces modèles peuvent être intéressants pour cette tâche, il serait néanmoins nécessaire d'en étudier d'autres.

5 - Langages de définition d'expressions et de critères dans les décisions

Les méthodologies utilisent différents types de langages formels basés sur la logique du premier ordre. Ces langages sont utilisés pour définir les pré et post-conditions d'exécution des plans, les critères de décision, les buts, les états de patient et les contraintes temporelles. Parmi les langages utilisés, notons PAL, le langage de contrainte de Protégé-2000 et GELLO.

6 - Les données du dossier patient électronique et les concepts médicaux

Tous les modèles présentent une couche d'abstraction des données du DPE pour assurer une certaine indépendance face à l'organisation du DPE local. En plus de permettre la définition de l'état d'un patient, les modèles peuvent définir formellement des termes médicaux relativement complexes tels que *l'hypertension systolique isolée* qui est la situation d'un patient ne prenant pas d'antihypertenseur et ayant une pression sanguine systolique d'au moins 140 mmHg et une pression sanguine diastolique de moins de 90 mmHg. Finalement, par l'utilisation d'ontologies médicales ou par la création de hiérarchie de classes, il est possible de raisonner sur ces concepts médicaux.

1.4.3 Définition préliminaire de l'ontologie de la stratégie de soins

Mis à part les aspects directement liés au processus décisionnel, nous considérons les six points présentés précédemment comme nécessaires à la définition d'un langage de modélisation de stratégie de soins.

L'organisation générale

Le premier point concerne l'utilisation de plan pour organiser les éléments d'une LDC en séquence temporelle ou causale. L'utilisation d'un formalisme basé sur les graphes conceptuels a majoritairement été employée pour la modélisation des plans. Nous souscrivons à ce choix puisque les graphes sont tout à fait approprié pour la modélisation conceptuelle [21].

Dans le cadre du présent mémoire, nous avons limité la topologie du graphe à celle des graphes dirigés acycliques. Cette limitation nous semble pour l'instant nécessaire afin de faciliter l'extraction d'information à partir de sources tels que les entrepôts de données. En effet, l'extraction et la représentation d'information concernant des cycles et des itérations, qui ne peuvent pas être représenté par un graphe dirigé acyclique, représente un niveau de complexité supplémentaire que nous tenons à écarter pour l'instant.

Les primitives

Les primitives de notre langage sont l'observation, la décision, le diagnostic et le traitement. Nous définissons la sémantique de ces primitives comme suit :
- Observation : informations concernant l'état du patient : âge, sexe, antécédent, résultats d'examen, etc.
- Décision : ensemble de règles qui établissent un diagnostic sur la base d'observations.
- Diagnostic : diagnostic médical définissant l'état pathologique du patient.
- Traitement : intervention médicale.

Développement futur

La prochaine étape consiste à définir une ontologie formelle de la stratégie de soins. Pour y parvenir, nous devons définir plus clairement comment un modèle de stratégie de soins sera utilisé dans le cadre de la gestion des connaissances.

1.5 Conclusion

Au cours de ce chapitre, nous avons introduit le concept de connaissance, les typologies nécessaires à sa gestion, les formalismes utilisés pour la manipuler ainsi que les techniques d'extraction d'informations contenues au sein de base de données et de documents textuels. Nous avons aussi présenté les diverses solutions au problème de la gestion des connaissances spécifiques au domaine médical. Ceci nous a permis de mieux comprendre les défis inhérents au développement d'un système de gestion des connaissances cliniques et de prendre connaissance des technologies existantes pour y faire face. Nous avons finalement définit la notion de stratégie de soins et posé les bases d'un langage permettant sa modélisation.

Comme nous l'avons vu en introduction, CIRESSS représente une source de données potentiellement très intéressante pour appuyer la pratique de la médecine factuelle. Le prochain chapitre effectue un survol des principaux concepts concernant les entrepôts de données et présente divers aspects techniques de CIRESSS nécessaires à l'extraction des données qu'il contient. Nous définissons aussi la notion de parcours de soins, un modèle de représentation des données apte à être utilisé conjointement avec un modèle de stratégie de soins.

Chapitre 2

CIRESSS

Avant d'entreprendre le développement d'un outil d'analyse des données de CI-RESSS, il est nécessaire d'en comprendre le fonctionnement, l'organisation et le type de données contenues. La suite du chapitre présente donc les fondements théoriques des entrepôts de données, les particularités des entrepôts de données cliniques ainsi que les principales caractéristiques et détails de conception de CIRESSS. Il se termine sur une liste des champs de CIRESSS que nous avons sélectionnés pour l'analyse des données et une caractérisation de l'organisation temporelle des données sous forme de parcours de soin.

2.1   Les entrepôts de données

L'univers des entrepôts de données (ED) est relativement jeune et son développement fut en grande partie motivé par les besoins des entreprises. Malgré le fait que ce domaine ait acquis une certaine maturité depuis quelques années, un flou terminologique persiste toujours. Ce dernier provient principalement des dissensions entre les deux écoles de pensée sur les ED : celle de Ralph Kimball [30] et celle de William H. Inmon [27]. La principale divergence porte sur la manière de construire des ED pour des organisations complexes, telles que de grandes entreprises, où l'utilisation de «data marts» est requise. Un «data mart» est un ED limité à un seul aspect de l'organisation. Par exemple, dans le cas d'une entreprise, chaque département pourrait être pourvu d'un «data mart». Puisque ceux-ci n'entrent pas dans la composition de CIRESSS, nous pouvons ignorer cette polémique. La suite de cette section porte sur la définition de certains concepts fondamentaux des ED.

2.1.1 Principales caractéristiques des entrepôts de données

L'invention du terme «Data Warehouse», traduit par «Entrepôt de Données» apparaît en 1990 et est attribuée à William H. Inmon. Il en donne alors la définition suivante : «Un entrepôt de données est un ensemble de données orientées sujet, intégrées, archivées, non-volatiles et organisées de manière à supporter le processus de prise de décision.» [27]. Ces propriétés ont été définies de la manière suivante :

– **Intégrées :** Les données sont recueillies à partir de diverses sources, généralement un ensemble de systèmes opérationnels, et fusionnées en un tout cohérent au sein de l'ED. Cette opération est nécessaire du fait de l'hétérogénéité des systèmes opérationnels sources. Une politique d'accès est généralement établie afin d'assurer la sécurité des données.

– **Orientées sujet :** Les systèmes opérationnels structurent les données de manière à supporter le processus organisationnels. Ainsi, différents systèmes peuvent structurer les mêmes données très différemment. C'est le cas, par exemple, des informations conservées sur des personnes par un département des ressources humaines et celui des ventes. Dans le cas d'un ED, les données sont organisées par sujet plutôt que par fonction. Ainsi, tous les éléments qui font référence au même objet du monde réel sont regroupés ensemble. Dans l'exemple précédent, une table de l'ED contiendrait l'ensemble des informations concernant des personnes gérées par les différents systèmes opérationnels sources.

– **Archivées :** Contrairement aux ED, il n'est pas nécessaire, pour les systèmes opérationnels, d'accompagner chaque donnée d'une estampille temporelle. Pour ces systèmes, seule l'information la plus récente est utile. Dans le cas des ED, qui ont entre autres pour but de supporter des analyses longitudinales, la dimension temps est nécessaire pour chaque donnée.

30

– **Non-volatiles :** Au sein d'un système opérationnel typique, les données sont conservées pour une période relativement courte allant de quelques mois à un ou deux ans, puisqu'elles ne sont intéressantes que dans le cadre des affaires courantes. Par contre, pour découvrir des tendances et les comparer avec celles de périodes passées, il est nécessaire de garder les données pour une plus longue période. Ainsi, dans le cas des ED, les données sont généralement conservées plusieurs années voire des décennies.

Selon Ralph Kimball, «l'atout principal d'une entreprise réside dans les informations qu'elle possède. Ces informations se présentent sous deux formes : les systèmes opérationnels qui enregistrent les données et l'entrepôt de données.» [328]. Un des objectifs fondamentaux, identifié par Kimball dans la conception d'un ED, est la constitution d'une base décisionnelle. Autrement dit, un tel système doit contenir les informations propres à faciliter la prise de décision et ceci est le seul véritable résultat concret à attendre d'un ED.

2.1.2   Contraste entre les systèmes opérationnels en ligne et les entrepôts de données

Au coeur de tout ED se trouve une base de données. Toutefois, le type de base de données utilisée pour concevoir un ED diffère grandement de celle utilisée pour un système opérationnel.

Ces systèmes, dont le nom complet est système opérationnel en ligne (On-line Transactional Processing, OLTP) sont conçus de manière à optimiser l'ajout, la modification et la suppression des données et supporte aisément la production de rapport sur des ensembles relativement restreints de données. La conception d'un système opérationnel en ligne se fait généralement à l'aide d'un SGBD relationnel en suivant les principes de la modélisation Entité-Relation. Ce type de modèle minimise la redondance des données en les découpant en un certain nombre de tables. Ce nombre peut être de l'ordre de plusieurs centaines lorsqu'il s'agit de système complexe. La complexité du modèle qu'engendre cette modélisation tend à rendre le schéma de données incompréhensible pour l'usager moyen. Des outils de haut niveau sont donc nécessaires pour lui permettre d'interroger les données.

À l'inverse des systèmes OLTP, les opérations d'ajouts sur un ED sont peu fréquentes et sont généralement effectuées en lot. Il n'y a pas, non plus, d'opérations de modification et de suppression sauf dans le cas d'opération de maintenance. Autre différence majeure, l'interrogation du système concerne généralement de très grande quantité de données. L'emphase étant mise sur l'interrogation, il est important que ce type d'opération soit très efficace, ce qui rend les principes de modélisation Entité-Relation inappropriés pour la conception d'ED. Le nombre de tables produites par ces principes entraîne une augmentation du nombre d'opérations de jointure entre les tables lors de l'envoi de requête au système. Cette opération étant très exigeante en terme de temps de calcul, il est impératif d'en réduire le nombre. Ainsi, les données sont plutôt organisées sous la forme d'une structure de données appelée hypercube. *(voir sous-section Modélisation dimensionnelle)*

2.1.3 Composantes de base des entrepôts de données

Les ED sont généralement des systèmes complexes et leur mise en oeuvre nécessite plusieurs composantes. Nous introduisons les quatre composantes de base soit : les systèmes sources, le système de chargement, le serveur de présentation et les outils d'interrogation ainsi qu'une technique de modélisation des données particulière aux ED appelée modélisation dimensionnelle.

1 - Systèmes sources

Les systèmes sources sont généralement des systèmes opérationnels en ligne qui maintiennent peu de données archivées et qui sont optimisés pour certaines requêtes bien précises. Généralement, lorsque plusieurs systèmes de ce type sont développés au sein d'une organisation, ils ont pour tâche de répondre chacun à des besoins spécifiques et peu d'efforts sont appliqués à l'homogénéisation des schémas entre eux. Chacun de ces systèmes utilise des clés pour identifier les entités de manière unique. Ces clés sont souvent intégrées comme de simples attributs au sein de l'entrepôt de données.

2 - Système de chargement

Le système de chargement est la fois un système de stockage et un ensemble de processus communément appelé ETL (Extract, Transform, Load). Ce système englobe tout ce qu'il y a entre les systèmes sources et le serveur de présentation. Le stockage peut être fait dans de simples fichiers textes ou au sein d'une base de données relationnelle. Le processus ETL nettoie, transforme, supprime les doublons et assigne des clés propres au serveur de présentation en vue de leur intégration et exploitation.

3 - Serveur de présentation

Le serveur de présentation est le système matériel et logiciel permettant le stockage et la gestion de l'ED et répondant aux requêtes des usagers. C'est le coeur de l'ED. Généralement, un tel serveur fait appel à une technologie de type OLAP (On-line Analytical Processing). Les systèmes OLAP se caractérisent par une optimisation du temps de réponse des requêtes et un ensemble d'opérations mathématiques évoluées (régression linéaire, coefficient de corrélation, etc) pouvant être effectuées sur les données.

Il existe principalement deux types d'implémentation de système OLAP : MOLAP (Multidimensional OLAP) et ROLAP (Relational OLAP).

MOLAP

Les systèmes MOLAP utilisent des ensembles de données pré-calculées, communément appelés cube de données, qui contiennent toutes les réponses possibles pour un ensemble de questions pré-déterminées. L'organisation de ces cubes fait généralement appel à une technologie propriétaire. Puisqu'elles sont pré-calculées, le temps de réponse des requêtes est particulièrement court. Cette efficacité se paie cependant par une utilisation d'espace mémoire importante (la quantité d'espace requis peut rapidement devenir problématique avec l'ajout de dimensions), l'impossibilité de contenir des données détaillées (l'explosion de l'espace mémoire fait que le cube ne peut garder que des données sommaires à moins que l'ensemble soit très petit) et le temps de chargement du cube (l'ajout de données au cube entraîne une série de calculs). La technologie MOLAP est préférable pour les usagers dont l'ensemble de questions est relativement petit et stable (ils veulent poser les mêmes questions chaque jour/mois/année sur un cube mis à jour).

ROLAP

Un système ROLAP (Relational OLAP) n'utilise pas un cube de données pré-calculées mais plutôt une base de données relationnelle. L'intérêt majeur de ce type de système est qu'il n'y a pas de limite au type de questions que l'on peut poser (contrairement au cube qui pré-calcule les réponses) et qu'il est possible de garder un niveau de granularité beaucoup plus fin sans souffrir du problème de l'explosion des données. Toutefois, cette flexibilité entraîne un allongement du temps de réponse lors de l'interrogation des données. Ce type de système convient aux usagers qui ne peuvent prévoir à l'avance les questions qui seront posées à l'ED.

Aujourd'hui, afin de contourner ces inconvénients et de combiner les avantages, les fournisseurs de système OLAP combinent ces deux technologies en une seule appelée HOLAP (hybrid OLAP).

4 - Outils d'interrogation

Les outils d'interrogation extraient des données du serveur de présentation et les présentent à un usager de manière à faciliter la prise de décision. Un outil d'interrogation peut être aussi simple qu'un outil d'exécution de requêtes ou aussi complexe qu'un logiciel sophistiqué de modélisation et de forage de données. Indépendamment de leur complexité, utiliser ces outils requiert un niveau de compétence technique relativement élevé. La plupart des usagers de l'entrepôt y accèdent par l'entremise d'outils au sein desquels les requêtes sont préconçues et qui ne nécessitent pas de connaissances informatiques particulières pour être utilisés. Les tableaux de bord sont un exemple de ce type d'outils.

5 - Modélisation dimensionnelle

Les données d'un ED, qu'il soit de type MOLAP ou ROLAP, sont organisées, d'un point de vue conceptuel, en hypercube. Un hypercube est une représentation abstraite d'une relation n-aire où les dimensions du cube représentent les entités et où les cellules contiennent un ou plusieurs champs appelés métriques. Nous pourrions, par exemple, imaginer un hypercube composé des dimensions *magasin*, *produit* et *temps* et avec comme métrique le nombre de produits vendus par un magasin pour une journée donnée. Cette représentation a l'avantage d'être simple à comprendre pour des non-experts des ED ; il leur est donc plus aisé d'élaborer les requêtes voulues.

La modélisation dimensionnelle, aussi appelée schématisation en étoile, est une technique de conception de modèle de données permettant la représentation d'hypercube au sein de base de données relationnelle. Chaque dimension de l'hypercube est représentée par une table appelée table dimensionnelle dont les attributs servent à décrire la dimension. Les cellules de l'hypercube sont représentées par les entrées d'une table appelée table factuelle. Il n'y a qu'une seule table factuelle par hypercube. Celle-ci contient, en plus des attributs représentant les métriques, une clé primaire composée de clés étrangères la reliant aux tables dimensionnelles. La figure 2.1 présente un hypercube avec comme dimensions les patients, les médecins, les médicaments et le temps et avec comme table factuelle les prescriptions. La métrique évaluée ici est la quantité de médicaments prescrits.

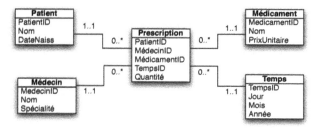

FIG. 2.1 – Exemple de BD avec un schéma en étoile

Pour des raisons de performance, les tables dimensionnelles sont laissées en deuxième forme normale alors que la table factuelle est habituellement en troisième forme normale. Une extension de ce modèle, appelée schéma en flocon de neige, consiste à normaliser chaque dimension en troisième forme normale. Cela permet de réduire la taille des tables dimensionnelles mais peut entraîner une augmentation significative du temps de calcul des requêtes.

2.1.4 Les entrepôts de données cliniques

Les entrepôts de données cliniques (EDC) représentent une source d'informations très importante qui supporte les services, la recherche et la mission éducative du système de santé. Bien qu'il n'y ait pas une compréhension commune sur la manière de créer et d'exploiter ces EDC, les principaux avantages qu'ils représentent sont largement reconnus par la communauté scientifique médicale [169]. Le standard ISO/TR 22221 :2006(E) définit le terme «clinical data warehoues» par : «grouping of data accessible by a single data management system, possibly of diverse sources, pertaining to a health system or sub-system and enabling secondary data analysis for questions relevant to understanding the functioning of that health system, and hence supporting proper maintenance and improvement of that health system.»

Cette nouvelle capacité d'analyse permet de développer de nouvelles approches dans l'évaluation de la pratique, la découverte de connaissance et l'innovation. Voici quelques perspectives importantes portant sur l'usage des EDC.

Assurance qualité : la puissance d'analyse qu'offrent les EDC permet une analyse efficace des soins afin d'en assurer la qualité. Les EDC sont aussi une source prospective de données permettant le suivi du progrès. Ils peuvent être utilisés pour établir des tendances, identifier des changements et produire des alertes.

Évaluation de l'innovation : les EDC ont un rôle à jouer au début et à la fin du processus d'innovation. Au début, ils permettent de diriger la recherche en exposant les avenues les plus susceptibles de produire des résultats ; à la fin, ils permettent d'évaluer l'impact de l'utilisation d'une innovation.

Surveillance des maladies, épidémiologie et santé publique : la promotion des EDC a particulièrement été faite par les épistémologistes et les chercheurs en soin de santé car ils ont besoin de comprendre le profil de santé et de maladie de la population, réduire les facteurs de risque, faire de la prévention et évaluer les variations dans la réponse aux traitements des maladies et la cause de ces variations.

Planification et politique : le processus de décision administrative dépend d'un accès à des données objectives. C'est pourquoi des indicateurs de performance et de santé sont de plus en plus utilisés pour des raisons économiques et pour supporter l'amélioration de la qualité des services.

Découverte de connaissance : l'analyse des EDC à l'aide de différentes méthodes peut être une source inattendue de nouvelles connaissances concernant l'évolution des maladies et la réponse aux traitements. Ils permettent aussi l'analyse de sous-populations ayant des caractéristiques rares, ce qui était auparavant relativement difficile.

L'éducation : les EDC sont une fenêtre sur la pratique actuelle. Ils contiennent des cas d'études cliniques pouvant être reliés à l'enseignement de bonnes pratiques médicales.

2.1.5 Particularités techniques des entrepôts de données cliniques

Les principales différences entre les ED conventionnels et les EDC prennent d'abord racines dans leurs systèmes sources. Pour un ED conventionnel, les systèmes sources consistent souvent en une grande variété de systèmes opérationnels relativement peu intégrés. Dans le contexte médical moderne, presque toutes les données médicales sont stockées par un système de gestion du dossier patient électronique et sont donc intégrées au niveau opérationnel. Une particularité de ce système est que les données ne sont jamais supprimées et qu'une trace de toutes les modifications est conservée pour des raisons légales. Le tableau 2.1 résume les principales différences [48].

Ces différences entres les types de systèmes sources mais aussi entre les besoins informationnels des usagers de l'univers des affaires et ceux de l'univers médical ont un impact important sur de nombreux aspects de l'ED. Par exemple, l'évolution du nombre d'attributs des entités, phénomène particulier au domaine médical, complexifie le modèle de données. Le tableau 2.2 présente les plus importantes [48].

La complexité des données cliniques nécessite l'utilisation de techniques de modéli-

	Conventionnel	Clinique
Intégration	Non	Oui
Granularité	Petite	Petite
Volatilité	Haute	Aucune
Archivé	Non	Oui

TAB. 2.1 – Comparaison entre les systèmes sources conventionnels et cliniques

	Conventionnel	Clinique
Modèle de données	Simple	Complexe
Support temporel	Intermédiaire	Avancé
Classification	Simple	Avancée
Données à mesure continue (ex. : écart-type)	Non	Oui
Agrégation des dimensions (Le nombre de dimensions étant trop important, la réduction du nombre de celles-ci par l'agrégation des valeurs est nécessaire.)	Non	Oui
Données très complexes (ex. : images médicales dont le traitement requiert des techniques d'analyse d'images.)	Non	Oui
Règles d'entreprise avancées	Parfois	Oui (Protocoles)

TAB. 2.2 – Différences entre les ED conventionnels et cliniques

sation particulières. Dans le cas d'une base de données relationnelle, chaque classe d'entité se voit généralement attribuer un nombre relativement restreint d'attributs. Ces attributs représentent la nature de l'entité et n'évolueront théoriquement pas avec le temps. Chaque classe d'entités est représentée par une table et les attributs par les colonnes de la table.

Toutefois, il existe certains cas, et particulièrement dans l'univers médical, où ce type de modélisation entraîne divers problèmes. Prenons comme exemple le cas où nous voudrions représenter les résultats des examens des patients. La manière standard de représenter une telle table serait de lui donner comme attributs l'identifiant du patient, la date de prescription puis, d'ajouter un attribut pour chaque test pouvant être prescrit. Puisqu'il existe un très grand nombre de tests mais que peu d'entre eux seront prescrits à un même patient, plusieurs de ces attributs ne contiendront pas de données ce qui engendrera une perte d'espace considérable. De plus, puisque la liste des tests disponibles évolue avec le temps, il serait nécessaire, pour ce modèle, d'ajouter une colonne pour chaque nouveau test disponible. En plus d'entraîner de nouvelles pertes d'espace, l'ajout d'une colonne est une opération techniquement difficile et sujette à l'introduction de valeurs par défaut inappropriées. Créer une table pour chaque test n'est pas non plus envisageable car le nombre très élevé de tables qui en résulterait rendrait la gestion et l'interrogation de la BD pratiquement impossible. La technique de modélisation préconisée pour un tel cas s'appelle modélisation Entité-Attribut-Valeur (EAV).

Modélisation Entité-Attribut-Valeur

Le modèle EAV, aussi connu sous le nom de modèle Objet-Attribut-Valeur, s'applique dans les cas où : une classe d'entités a un grand nombre d'attributs mais dont seulement quelques-uns s'appliquent à chaque instance, le nombre et la nature des attributs peuvent varier avec le temps ou encore, s'il y a un nombre important de classes d'entités possédant peu d'instances chacune [12].

La structure de base d'une table EAV est composée de trois colonnes :
– Entité : Une clé étrangère faisant référence à l'entité concernée.
– Attribut : Une valeur ou une clé étrangère représentant un attribut.
– Valeur : La valeur de l'attribut.

Cette technique implique toutefois une perte de performance importante, comparativement au modèle relationnel standard, lors de l'exécution de requêtes complexes basées sur la valeur de plusieurs attributs. Un exemple d'une telle requête est : *obtenir la durée de séjour de toutes les femmes de moins de 50 ans avec une élévation persistante du taux de bilirubine durant la dernière année et dont les taux d'alanine et d'aspartate transaminase ont été normaux de manière constante* [11]. Cette requête, relativement complexe car elle fait appel à cinq attributs dont trois doivent être calculés à partir de valeurs sur une certaine période de temps, représente un exemple type de requête particulièrement intéressant pour les médecins. Il est donc important de limiter la perte de performance associée à l'accès d'attribut dans un modèle EAV par l'indexation des champs utilisés comme clés. Il est à noter que la perte substantielle de performance encourue par l'indexation des champs pour les opérations d'ajout, de modification et de suppression des données ne constitue pas un problème dans le cas des EDC car il n'y a généralement pas de modification ou de suppression des données et les ajouts sont faits en lot à des moments de faible achalandage.

2.2 Conception de CIRESSS

Les composantes de base de CIRESSS telles que définies dans la section précédente se présentent ainsi :
- Systèmes sources : Ariane et MedÉcho.
- Système de chargement : Processus qui assure le transfert des données de ces deux systèmes toutes les 24 heures. Il effectue une dénominalisation des données sensibles ainsi qu'un encodage des notes médicales selon la nomenclature SNO-MED (Systematized Nomenclature of Medicine).
- Serveur de présentation : base de données Microsoft SQL Server 2000 avec un système d'exploitation Windows NT 4.0 sur un ordinateur Pentium 4.
- Outils d'interrogation :
  - Nucleus Query/Brio : outil de conception et d'exécution de requête.
  - Tableau de bord développé par le département de la pharmacie.

La figure 2.2 schématise le système.

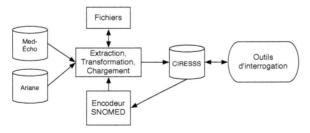

FIG. 2.2 – Architecture générale de CIRESSS

2.2.1 Le modèle de données de CIRESSS

L'étude des fondements théoriques des ED nous a permis d'effectuer une analyse du schéma de CIRESSS et d'en déduire les raisons qui ont motivé les choix d'implémentation.

Schéma conceptuel de CIRESSS

Le schéma conceptuel de la figure 2.3 présente un sous-ensemble des tables de CIRESSS jugées pertinentes pour nos analyses. Le tableau 2.4 décrit chacune des tables et le 2.3 donne la liste des acronymes utilisés pour définir les noms des tables.

Acronyme	Description
PT	Patient
VS	Visite
ME	Données Med-Echo
AR	Données Ariane

TAB. 2.3 – Acronymes du schéma conceptuel de CIRESSS

Table	Description
AR_PT	Informations sur les patients telles que le nom, l'âge, le sexe.
AR_VS	Informations sur la visite telles que la durée de séjour à l'hôpital. Chaque visite est composée d'une ou plusieurs étapes.
AR_VS_DETAIL	Informations sur une étape de visite. Généralement, ce sera une étape aux urgences ou une hospitalisation.
AR_VS_LIEU_OCCUPE	Informations sur le lieu occupé (département, chambre, lit) durant une étape.
AR_REQUETE	Informations sur les requêtes (nom de la requête, nom du service) effectuées par un médecin à l'un des différents services de l'hôpital, généralement en vue d'effectuer un test sur un patient.

AR_REQUETE_CHAMP_ DE_REQUETE	Chaque requête ayant un ensemble d'attributs différents, ces informations sont gardées au sein d'une structure EAV. Cette table contient donc principalement un champ clé et un champ valeur.
AR_RESULTAT	Informations sur les résultats d'une requête (date du résultat, indicateur de normalité, ...).
AR_RESULTAT_CHAMP_ DE_RESULTAT	Les attributs d'un résultat étant fonction de la requête associée, une table EAV est nécessaire pour conserver les données.
ME_TRAITEMENT	Informations sur les traitements tels qu'encodés par le service des archives. Ce service utilise les codes de la Classification Internationale des Maladies (CIM).
ME_DIAGNOSTIC	Informations sur les diagnostics tels qu'encodés par le service des archives. Ce service utilise les codes de la Classification Internationale des Maladies (CIM).

TAB. 2.4: Description des tables du schéma

L'absence de cardinalité représente une cardinalité *1..1*. Par exemple, dans le cas du lien qui relie la table AR_PT à la table AR_VS, les cardinalités se lisent comme suit : un patient est associé à une ou plusieurs visites (*1..**) et une visite est associée à un et un seul patient.

L'organisation des données ne permet pas l'identification d'un hypercube. Une telle structure, au sein d'une base de données relationnelle, se caractérise par une organisation des données contenant un ensemble de tables dimensionnelles et une table factuelle comme cela est présenté à la section 2.1.3 (voir figure 2.1). La conception du schéma fait plutôt appel aux principes de la modélisation Entité-Relation avec un certain degré de dénormalisation (redondance des champs entre les tables) nécessaire afin de minimiser le nombre de jointures. De plus, nous observons que les requêtes et résultats ont été modélisés à l'aide de tables EAV.

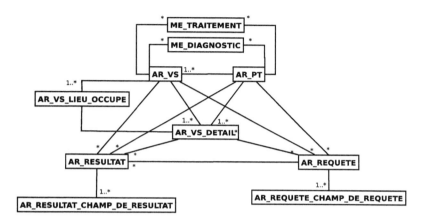

FIG. 2.3 – Schéma UML de CIRESSS

2.2.2 Sécurité des données

CIRESSS contient des données nominatives, c'est-à-dire des données qui permettent l'identification des patients et des intervenants. L'accès à ces informations devant absolument être restreint, un soin particulier a été apporté à la sécurité des données. Dans un premier temps, l'accès aux données est régi par la Direction des services professionnels (DSP) du CHUS qui doit entériner toute demande d'accès aux données de CIRESSS. Ensuite, en fonction des besoins, il est possible d'accéder aux données directement par l'intermédiaire d'une vue ou encore par des transferts ponctuels. Cette dernière méthode est assurée par un responsable qui aide le demandeur à établir l'ensemble des données pertinentes et qui, à l'aide du logiciel Nucleus Query de Sand Technology, extrait les données de CIRESSS.

Lorsqu'un accès est accordé par le DSP, un niveau d'accès, c'est-à-dire un chiffre entre 1 et 3, est attribué au demandeur. Ce niveau d'accès détermine l'accessibilité des champs en fonction de leur sensibilité. Les trois niveaux de sensibilité sont : anonyme, synonyme et nominatif. On considère comme anonyme toutes données qui ne permettent pas d'identifier personnellement un patient telles que l'âge et le sexe. Les données nominatives regroupent toutes les données permettant d'identifier un patient telles que le nom, l'adresse, le numéro de téléphone ainsi que les données sociodémographiques comme le numéro de dossier de la mère. On considère aussi comme nominatifs les numéros de dossiers des archives papier ainsi que les clés primaires et étrangères. Généralement, seul un médecin peut avoir accès à ces informations et seulement pour les patients dont il est le médecin traitant. Les clés primaires et étrangères étant inaccessibles à des fins de recherches générales, des clés synonymes sont générées par CIRESSS lors de l'accès aux données afin qu'il soit possible d'effectuer les liens entre les tables et d'identifier les entités.

Le tableau 2.5 présente l'accessibilité d'un champ en fonction de son niveau de sensibilité et du niveau d'accès de l'usager.

Donnée	Niv. d'accès		
	1	2	3
Anonyme	Permis	Permis	Permis
Synonyme	Refusé	Permis	Permis
Nominative	Refusé	Refusé	Permis

TAB. 2.5 – Accès aux données en fonction du niveau d'accès accordé et du type de données.

2.3 L'extraction des données de CIRESSS

Chaque patient qui se présente à l'hôpital est traité en fonction de la stratégie de soins élaborée par le clinicien qui le rencontre. Le résultat de l'application de cette stratégie produit un parcours de soins que nous définissons comme étant *l'ensemble ordonné des observations, diagnostics et traitements survenant lors de la visite du patient.*

Plusieurs données relatives à ce parcours sont conservées dans CIRESSS. Afin d'être en mesure d'analyser ces données à partir d'un modèle de stratégie de soins, nous les avons reliés aux concepts de notre ontologie de stratégie de soins.

2.3.1 Sélection des champs de CIRESSS

Une sélection des champs a été faite sur la base des critères suivants :

La pertinence médicale : les données provenant d'Ariane et Med-Echo répondent à divers besoins informationnels du CHUS. Nous avons choisi de nous limiter aux données portant sur l'aspect médical des traitements. Nous excluons donc toutes les données de type administratif ou économique.

Le format : les outils d'analyses statistiques que nous souhaitons utiliser nécessitent que les données soient standardisées c'est-à-dire de même format et de même unité. Nous ne conservons donc que les champs dont les valeurs sont standardisées.

L'accès : nous avons exclu tous les champs qui demandent un accès de niveau 3 car il sera impossible de les obtenir.

Les tableaux 2.6, 2.7 et 2.8 présentent, pour *l'observation, le diagnostic* et le *traitement*, les champs de CIRESSS sélectionnés qui leur sont associés (voir la documentation de CIRESSS pour une description des tables et des champs). Les noms des champs ont été modifiés afin d'en faciliter la lecture. Notons que la primitive *décision* de notre ontologie de stratégie de soins ne se retrouve pas dans celle du parcours de soins. Cette primitive correspond à un ensemble de règles permettant de définir les traitements à appliquer en fonction des informations que nous avons sur l'état du patient. Une telle notion n'a pas de sens dans le cadre d'un parcours de soins puisque celui-ci fait seulement état de ce qui c'est passé et ne cherche pas à représenter les règles qui ont été appliquées pour produire le parcours.

Observations

Table	Champ
AR_PT	– Sexe – Année de naissance – Année de décès – Statut (mort/vivant)

Observations

Table	Champ
AR_VS	– Âge à l'arrivée – Date début – Date fin
AR_VS_DETAIL	– Diagnostic à l'admission – Date début – Date fin
AR_VS_LIEU_OCCUPE	– Département
AR_REQUETE	– Date d'entrée en vigueur de l'ordonnance – Nom de la requête – Groupe Kardex (système de classification des requêtes) – Groupe révision (sous-classification des groupes Kardex)
AR_REQUETE_CHAMP_DE_REQUETE	– Nom du champ – Valeur du champ
AR_RESULTAT	– Date de l'action – Date de prélèvement – Date du premier résultat – Date de réception – Date de vérification – Indicateur de normalité (indique si le résultat de test est normal ou anormal)

Observations

Table	Champ

AR_RESULTAT_CHAMP_DE_RESULTAT	– Titre
	– Valeur
	– Écarts critiques
	  (indicateurs des valeurs critiques pour le résultat de test)
	– Écart de référence
	  (indicateurs des valeurs de références pour le résultat de test)

TAB. 2.6: Champs de CIRESSS associés aux observations

Diagnostic

Table	Champ
ME_DIAGNOSTICS	– Code CIM (Classification Internationale des Maladies) – Type (Principal, décès, probable, nosocomiale, complication)
ME_CODE_CIM	– Code CIM – Description (Description de la maladie)

TAB. 2.7: Champs de CIRESSS associés aux diagnostics

Traitement

Table	Champ
ME_TRAITEMENT	– Code CIM – Nombre de répétitions (Nombre de fois que le traitement a été administré) – Date
AR_REQUETE	– Date d'entrée en vigueur de l'ordonnance – Nom de la requête – Groupe Kardex – Groupe révision
AR_REQUETE_CHAMP_ DE_REQUETE	– Nom du champ – Valeur du champ

TAB. 2.8: Champs de CIRESSS associés aux actions

2.3.2 La séquence d'évènements du parcours de soins

Nous appelons parcours de soins l'ensemble ordonné d'évènements encourus par un patient lors d'une visite. Chaque visite est composée d'un séjour à l'urgence qui est parfois suivi d'une hospitalisation. L'étape à l'urgence comprend l'ensemble des tests et médicaments prescrits ainsi que les résultats des tests. L'étape d'hospitalisation contient en plus la liste des traitements et des diagnostics finaux. La figure 2.4 illustre les liens entre les étapes et les types de données.

Le système attribue une date et une heure au début et à la fin de chaque étape. Les requêtes et les résultats sont datés à l'heure près alors que les traitements sont datés à la journée près. Il n'y a pas de date pour les diagnostics. L'ensemble de ces informations temporelles nous permet de mettre en séquence les requêtes, les résultats

48

et les traitements au sein d'une visite.

Le prochain chapitre donne un exemple de correspondance entre notre ontologie de la stratégie de soins et les parcours de soins de CIRESSS. Cette correspondance nous permet d'extraire et d'analyser des parcours de soins à l'aide de modèle de stratégie de soins.

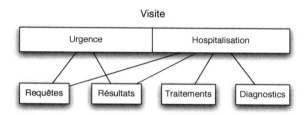

FIG. 2.4 – Structure des étapes de visite dans CIRESSS

2.4 Conclusion

Nous avons présenté dans ce chapitre les fondements théoriques de CIRESSS ainsi que les détails de sa conception. Nous avons, de plus, défini un modèle de représentation des données de CIRESSS qui nous permet de les extraire de les analyser à partir de stratégies de soins.

Le prochain chapitre porte sur la conception d'un logiciel d'analyse des données de CIRESSS qui intègre les réseaux bayésiens à la notion de stratégie de soins.

Chapitre 3

Analyse-conception du prototype iCareProMoT

Le développement d'une application rencontrant les objectifs d'iCareProMoT est un travail qui nécessite plusieurs étapes dont ce mémoire ne constitue que la première. Puisqu'il nous est impossible d'entreprendre le développement d'un logiciel aussi complexe pour le moment, nous avons développé un prototype de logiciel. Celui-ci nous a tout de même permis d'explorer les possibilités d'analyse des données de CIRESSS à l'aide de l'ontologie de stratégie de soins présentée au chapitre 1.

La section suivante de ce chapitre présente une architecture générale d'iCare-ProMoT qui donne une vue d'ensemble des principales composantes logicielles à développer. Ensuite, nous produisons une introduction aux réseaux bayésiens, le modèle mathématique que nous avons choisi pour l'analyse des données de CIRESSS. Finalement, la dernière section présente l'analyse-conception du prototype d'iCare-ProMoT.

3.1 Architecture générale d'iCareProMoT

Tel que spécifié en introduction de ce mémoire, ce projet explore l'opportunité de développer un outil de gestion des connaissances cliniques nécessaires au traitement d'une pathologie ou d'un symptôme particulier. Cet outil doit, en particulier, prendre en charge les connaissances de l'expert, de la pratique (CIRESSS) et de la recherche médicale (littérature). La figure 3.1 présente une architecture, basée sur le patron de conception Modèle-Vue-Contrôleur (MVC), articulant les principaux éléments d'un tel logiciel. Ce patron de conception assure un découplage entre des composantes régulièrement rencontrées en génie logiciel :

– Modèle : composante logicielle qui encapsule les détails d'implémentation de la gestion d'un ensemble de données en offrant une interface permettant de les interroger et de les manipuler. Il peut s'agir d'un élément aussi simple qu'un objet gérant les accès à une table ou aussi complexe qu'un SGBD.

– Vue : composante graphique permettant la visualisation des données encapsulées par un modèle ainsi qu'une interaction avec ce dernier via l'envoi de commande au contrôleur.

– Contrôleur : composante logicielle qui assure les liaisons entre les vues et le modèle et encode la logique du programme. Lorsque l'usager envoie une commande au système, le contrôleur responsable de cette commande effectue les opérations appropriées sur le modèle auquel il est relié. Dans certaine version du MVC, il sera aussi responsable d'informer les vues connectées sur le modèle qu'une mise à jour de leur interface est requise.

La base de connaissances intègre les ontologies nécessaires à la représentation des connaissances médicales telles que le langage de modélisation de stratégie de soins, les ontologies de domaines (systèmes patho-physiologiques) et celles nécessaires au forage de textes médicaux. L'outil de modélisation de stratégie de soins expose les connaissances de la base et permet la manipulation de celles-ci via le contrôleur. Ce dernier a également pour tâche d'exposer les fonctionnalités offertes par les différents outils de découverte de connaissances.

Avant de présenter notre prototype d'analyse des données de CIRESSS, nous présentons brièvement la théorie portant sur les réseaux bayésiens, le modèle mathématique retenu pour effectuer l'analyse des données.

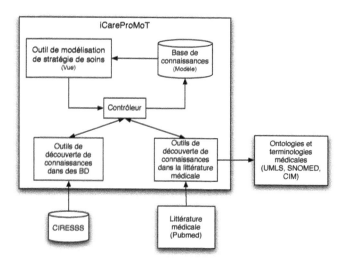

FIG. 3.1 – Architecture générale d'iCareProMoT

3.2 Les réseaux bayésiens

Les réseaux bayésiens (RB), aussi appelés réseaux de croyance, appartiennent à un sous-ensemble de la famille de modèle graphique probabiliste appelé *graphe dirigé acyclique*. L'intérêt particulier de ces structures graphiques est qu'elles facilitent le traitement de la complexité et de l'incertitude. La représentation modulaire du graphe permet une représentation compacte et intuitive d'un tout à l'aide de ses composantes alors que la théorie des probabilités permet d'exprimer l'incertitude qui existe entre ces parties d'une manière mathématiquement rigoureuse. De plus, les RB permettent une représentation et une évaluation efficaces des distributions de probabilités conjointes [ ].

3.2.1 La structure d'un réseau bayésien

Un RB est défini par deux ensembles : l'ensemble des noeuds et l'ensemble des arcs dirigés. Les noeuds représentent des variables aléatoires et sont représentés par des ovales étiquetés par leurs noms. Les arcs représentent des dépendances directes entre les variables reliées et sont représentées par des flèches entre les noeuds. Au sein d'un RB, chaque variable est indépendante de ses non-descendants sachant l'état de ses parents. Cette propriété est utilisée pour réduire, parfois significativement, le nombre de paramètres requis pour représenter la distribution des probabilités conjointes. Cette réduction simplifie le calcul des probabilités a posteriori [17].

À chaque variable est attribuée une fonction qui permet d'évaluer la probabilité que celle-ci se retrouve dans un état particulier en fonction des valeurs que peuvent prendre ses ancêtres directs. Dans le cas de variables discrètes, on appelle cette fonction table de probabilités conditionnelles (TPC).

La figure 3.2 présente un exemple de réseau bayésien concernant l'état des nuages (N), de la pluie (P), d'un arrosoir (A) et du gazon (GM). Nous pouvons constater que, selon nos estimations, la probabilité a priori que l'arrosoir soit en marche est de 10% alors que celle qu'il pleuve si le ciel est nuageux est de 80%. Dans le cas où l'arrosoir serait en marche ($A = V$) et qu'il ne pleuvrait pas ($P = F$), il y aurait 90% de chance que le gazon soit mouillé.

Telle que spécifiée précédemment, l'indépendance conditionnelle des variables décrites par le réseau permet une représentation compacte de la distribution de probabilités conjointes d'un ensemble de variables aléatoires. Dans le cas présent,

$$P(N, A, P, GM) = P(N)P(A|N)P(P|N)P(GM|A, P)$$

Ceci permet de réduire le nombre de paramètres du modèle de $2^4 - 1 = 15$ à 9. Dans le cas où le graphe contiendrait plus de noeuds et que chaque noeud aurait relativement peu de parents, cette réduction serait beaucoup plus importante.

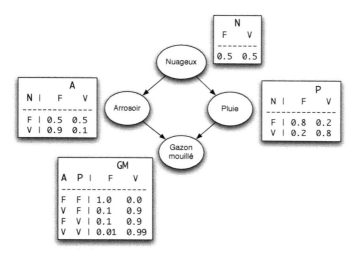

FIG. 3.2 – Exemple de réseau bayésien

3.2.2 L'inférence sur un réseau bayésien

L'inférence, c'est-à-dire l'évaluation de la probabilité d'un évènement en fonction d'un ensemble d'observations, se fait par le calcul de la probabilité marginale de cet évènement. Les RB admettent deux types d'inférences : des causes aux effets (prédiction) et des effets vers les causes (diagnostic). Ces deux types d'inférences sont particulièrement intéressants dans le cadre de la pratique médicale où le travail des cliniciens consiste en grande partie à produire des diagnostics, choisir des traitements, planifier des soins et faire des pronostics [35].

L'exemple de la figure 3.2 permet, entre autres, de prédire la probabilité que le gazon soit mouillé lorsqu'il y a des nuages. Ceci se traduit mathématiquement par :

$$P(GM = v | N = v) = \frac{P(N = v, GM = v)}{P(N = v)}$$

La probabilité a priori que le ciel soit nuageux est $P(N = v) = 0.5$. Pour calculer

$P(N = v, GM = v)$ les variables doivent être marginalisées comme suit :

$$P(N = v, GM = v)$$
$$= \sum_{A,P \in \{v,f\}} P(N = v)P(A|N = v)P(P|N = v)P(GM = v|A, P)$$
$$= P(N = v)P(A = v|N = v)P(P = v|N = v)P(GM = v|A = v, P = v) +$$
$$P(N = v)P(A = v|N = v)P(P = f|N = v)P(GM = v|A = v, P = f) +$$
$$P(N = v)P(A = f|N = v)P(P = v|N = v)P(GM = v|A = f, P = v) +$$
$$P(N = v)P(A = f|N = v)P(P = f|N = v)P(GM = v|A = f, P = f)$$
$$= 0.5 \times 0.1 \times 0.8 \times 0.99 +$$
$$0.5 \times 0.1 \times 0.2 \times 0.9 +$$
$$0.5 \times 0.9 \times 0.8 \times 0.9 +$$
$$0.5 \times 0.9 \times 0.2 \times 0$$
$$= 0.3726$$

Ainsi,

$$P(GM = v|N = v) = \frac{0.3726}{0.5}$$
$$= 0.7452$$

Dans l'autre sens, il est possible d'évaluer la probabilité que le ciel soit nuageux lorsque nous observons que le gazon est mouillé, ce qui se traduit par :

$$P(N = v|GM = v) = \frac{P(N = v, GM = v)}{P(GM = v)}$$
$$= 0.5744$$

Nous pouvons conclure que si nous observons un gazon mouillé, il est plus probable que le ciel soit nuageux que dégagé.

3.2.3 La conception d'un réseau bayésien

Pour décrire un RB, il faut définir la topologie du graphe et les paramètres des tables de probabilités conditionnelles. Une première approche est d'utiliser les connaissances d'un expert du domaine d'intérêt concerné afin de décrire le RB. Une approche alternative est d'effectuer un apprentissage automatique du RB à partir d'un ensemble de données. La méthode mathématique à employer est déterminée d'abord par la connaissance préalable que nous avons de la structure du graphe et par le degré d'observabilité des variables. Dans le cas où la structure est connue, il ne reste qu'à calculer les paramètres des TPC. Dans le cas inverse, les liens entre les variables doivent aussi être déterminés ce qui est généralement plus complexe à implémenter. En ce qui concerne l'observabilité, on dit qu'elle est partielle lorsque certaines variables ne peuvent être mesurées ou que des données sont manquantes. Dans le cas contraire, nous parlons d'une observabilité totale. Le tableau 3.2.3 énonce les quatre cadres d'apprentissage possibles et les techniques pouvant être utilisées pour produire le RB [40]

Structure	Observabilité	Méthode
Connue	Totale	Estimation du maximum de vraisemblance
Connue	Partielle	Espérance-maximisation ou descente de gradient
Inconnue	Totale	Recherche dans l'espace de modèle
Inconnue	Partielle	Espérance-maximisation et recherche dans l'espace de modèle

TAB. 3.1 – Les algorithmes d'apprentissage en fonction de la structure et de l'observabilité

3.2.4 Apprentissage des TCP par estimation du maximum de vraisemblance

Dans le cas d'iCareProMoT, la structure du réseau bayésien est connue puisqu'elle est donnée par l'usager. De plus, chacune des variables accessibles par l'entremise du prototype correspond à un ensemble de données de CIRESSS. Il n'y a donc pas de variable cachée ni de données manquantes. La méthode d'apprentissage appropriée dans ce cas est celle par estimation du maximum de vraisemblance. Cette méthode, relativement simple, compte pour chaque variable le nombre d'individus appartenant à chaque classe de valeur et divise les sommes par le nombre total d'individus. Par exemple, posons X, une variable aléatoire avec comme classe de valeur possible a et b. Posons Θ un ensemble de 100 individus sur lesquelles la variable X a été mesurée. Supposons qu'il y a 40 individus qui appartiennent à la classe de valeur a et 60 qui appartiennent à la classe de valeur b, alors $P(X = a) = 40/100 = 0.4$ et $P(X = b) = 60/100 = 0.6$

La prochaine section présente une analyse-conception d'un logiciel qui utilise les RB pour effectuer l'analyse des données de CIRESSS.

3.3 Analyse-conception du prototype iCareProMoT

Le prototype développé offre peu de fonctionnalité. Notre travail a principalement consisté à identifier un ensemble de variables intéressantes et à définir une méthode pour extraire les tables de probabilités conjointes relatives à ces variables des données de CIRESSS.

Après avoir présenté la spécification fonctionnelle et les détails de l'architecture technique, nous fournissons un exemple d'utilisation du prototype.

3.3.1 Spécification fonctionnelle

L'usager interagit avec le système par le biais d'un interpréteur de commandes ; celui-ci permet la construction de la structure d'un réseau bayésien, l'ajout de paramètre globaux (période sur laquelle les données doivent être extraites et le type de population), l'extraction des TPC, l'impression à l'écran de la structure du graphe et des TPC, l'ajout d'observation et le calcul d'inférence.

Il y a deux types de population, celle composée des individus dont la visite se limite à un épisode aux urgences et celle dont les individus ont été hospitalisés. Cette distinction entre ces deux populations doit être faite car, pour être analysée, une variable doit pouvoir être observée pour chaque individu de la population. Or, certaines variables, telles que le diagnostic final, ne peuvent être observées que chez les patients qui ont été hospitalisés.

Les variables

Une population statistique est composée d'individus sur lesquels un ensemble de variables sont mesurées. Dans le cas présent, l'individu, au sein de CIRESSS, est assimilé aux entrées de la table visite (AR_VS) et les variables sont les différentes informations relatives à la visite telles que l'âge du patient, les résultats de test, les traitements et diagnostics. Pour l'ensemble des variables que nous avons identifiées, les informations peuvent être extraites sans pré-traitement sauf dans le cas des tests. En effet, de par sa définition, une variable statistique ne doit avoir qu'une seule valeur par individu. Or, il se trouve qu'un même test peut avoir plusieurs résultats différents. Il est donc nécessaire de traiter ces résultats afin d'obtenir une seule valeur qui représente le résultat général du test.

Pré-traitement des tests

Au cours d'une visite, un médecin peut effectuer plusieurs requêtes pour le même test et certains tests peuvent produire plusieurs résultats. Tel que nous l'avons expliqué précédemment, l'ensemble des résultats obtenus pour un test lors d'une étape de visite doivent être transformés en une seule valeur. Par exemple, le test de troponine T, qui mesure le taux sanguin de cette protéine, doit être demandé plus d'une fois car il n'est significatif qu'au point de vue de son augmentation. Généralement, il est demandé trois fois à intervalles d'environ 6 heures. Parfois, ce n'est qu'après le troisième résultat qu'un diagnostic est établi. Ainsi, jusqu'à trois résultats sont nécessaires afin de classifier le test de troponine T en *normal*, *incertain* ou *anor-*

mal. Le résultat du processus de classification est conservé dans une table appelée CRED_CLASSE. Il est à noter que les algorithmes de classification développés à ce jour sont totalement ad hoc et dépendent du test à classifier.

Définition des variables

Les variables identifiées sont décrites ici sous la forme de fonctions et ont été regroupées de manière à correspondre aux différents concepts de notre ontologie de stratégie de soins. Le nom donné aux fonctions représente les attributs de la visite considérée. Lorsque nécessaire, un ensemble de paramètres est passé à la fonction afin de produire la valeur de la variable. Nous avons choisi de nous limiter au cas des variables discrètes. La définition suivante $age \geq (entier) \rightarrow$ booléen signifie que la variable *age* prend en paramètre un entier et qu'elle est vraie si l'âge du patient lors de la visite est plus grand ou égal à cet entier.

Variables associées au concept d'observation

– age$\geq$(entier) $\rightarrow$ booléen
– hospitalisé?() $\rightarrow$ booléen
  Détermine si le patient a été hospitalisé au cours de la visite.
– *Nom du test*(UR/HO) $\rightarrow$ {ensemble d'étiquettes}
  L'absence de requête pour un test est toujours considérée comme une valeur possible de cette variable. Ceci permet, lorsqu'on analyse une population en fonction des résultats d'un test, de considérer les individus qui n'ont pas reçu le test et donc de mesurer, d'une part, la proportion de ceux qui l'ont reçu versus ceux qui ne l'ont pas reçu et, d'autre part, de déterminer si le fait d'avoir passé ce test a un impact significatif sur la suite du traitement. Chaque test est considéré comme une variable distincte. On retrouve donc, par exemple, une variable *troponine* T(UR/HO) $\rightarrow$ {normal, anormal, non reçu}, une autre *CK-MB*(UR/HO) $\rightarrow$ {normal, anormal, non reçu}, etc.

Variables associées au concept de diagnostic

– Diagnostic(CIM-9_1, CIM-9_2) $\rightarrow$ booléen
  Les diagnostics finaux sont attribués à l'aide de la nomenclature CIM-9. Cette nomenclature associe des codes numériques aux diagnostics. Ces codes

sont organisés de manière à regrouper les maladies semblables ensemble. Par exemple, tous les problèmes reliés à l'appareil circulatoire ont un code entre 390 et 459. Un certain sous-classement a aussi été effectué à l'aide des codes. Par exemple, 394 fait référence aux maladies de la valvule mitrale, 394.0 à la sténose mitrale et 394.1 à l'insuffisance mitrale rhumatismale. Ainsi, par l'utilisation de deux codes CIM-9, il est possible de regrouper les maladies de même type.

– diagAdmissionHO(CIM-9) → booléen

Au moment de l'hospitalisation d'un patient, un ou plusieurs diagnostics décrivant les raisons de l'hospitalisation sont émis. La fonction diagAdmissionHO évalue si, parmi les raisons décrites ayant mené à l'hospitalisation d'un patient, il se trouve celle décrite par le code CIM-9 passé en paramètre.

Variables associées au concept de traitement

Cette fonction évalue la présence (ou l'absence) d'un traitement décrit par le code CIM-9 passé en paramètre.

– Traitement(CIM-9) → booléen

3.3.2 L'architecture technique

La spécification technique nous permet aussi de déterminer les composantes logicielles de base nécessaires à la conception du système :

– Langage de programmation : Python 2.4,
– Bibliothèque d'inférence bayesienne : OpenBayes[1],
– Gestion locale des données de CIRESSS : PostgreSQL 8.2.

Le choix du langage Python est motivé par le fait qu'OpenBayes, qui est écrit en Python, répond tout à fait à nos besoins et qu'en plus, ce langage est idéal pour le développement rapide.

3.3.3 Utilisation du prototype

Le prototype se compose principalement d'un interpréteur de commandes, de la bibliothèque OpenBayes et d'un ensemble de classes capables d'extraire de CIRESSS

---

[1]http://www.openbayes.org/

des cas à partir de la structure d'un réseau bayésien. OpenBayes assure la création du réseau bayésien et l'apprentissage des tables de probabilités conjointes à partir des cas extraits. Une fois l'application lancée, elle interprète les commandes provenant de l'entrée standard. Les commandes peuvent donc être mises dans un fichier qui sera passé à l'application lors de son lancement.

Exemple d'utilisation

L'exemple de fichier de configuration présenté à la figure 3.3 définit une analyse qui cherche à établir s'il y a un lien entre les résultats des tests de troponine T et de CK-MB réalisés à l'urgence et le fait qu'un patient soit hospitalisé. Les résultats de cette analyse sont présentés au chapitre 4.

Voici une explication des commandes utilisées par le fichier. Une liste complète et documentée se trouve en annexe C.

PERIODE : Définit la période sur laquelle l'analyse des données est effectuée.

POP_TYPE : Définit le type de population sur laquelle l'analyse des données est effectuée.

TEST : Crée une variable utilisant la fonction *Nom du test*(UR/HO) → {ensemble d'étiquettes}.

HO ? : Crée une variable utilisant la fonction hospitalisé ?() → booléen.

LINK : Crée un lien entre des variables.

INIT : Initialise le RB en extrayant les données de la BD et en calculant les TPC.

PRINT_JPTS : affiche les TPC.

OBS : Définit une observation.

MARGINALISER : Évalue la probabilité marginale d'une variable sur la base des observations définies.

```
01 PERIODE 2004-01-01 2004-12-31
02 POP_TYPE UR
03
04 TEST "Tropo T" UR "Troponine T"
05 TEST "CKMB" UR "Créatine kinase totale et sa fraction MB"
06 HO? "HO"
07
08 LINK "Tropo T" "HO"
09 LINK "CKMB" "HO"
10
11 INIT
12 PRINT_JPTS
13
14 OBS "HO"=0
15 MARGINALISER "Tropo T"
16 MARGINALISER "CKMB"
17
18 END
```

FIG. 3.3 – Exemple de fichier de configuration

3.4 Conclusion

Le développement de ce prototype nous a permis d'évaluer la faisabilité de l'extraction et de l'analyse des données de CIRESSS à partir d'un modèle basé sur notre ontologie de stratégie de soins. Cependant, les possibilités offertes par les réseaux bayésiens restent largement à découvrir dont une prise en charge plus formelle de l'aspect temporel à l'aide de réseaux bayésiens dynamiques et l'utilisation de variables continues. De plus, d'autres modèles, tels que les diagrammes d'influences, restent à explorer. Ces derniers nous semblent particulièrement intéressants puisqu'ils généralisent les réseaux bayésiens et offrent un cadre mathématique pour représenter et résoudre des problèmes de décision que nous n'avons pas inclus dans le prototype.

Le prochain chapitre fait état des résultats obtenus à l'aide du prototype, par l'analyse des données portant sur le syndrome coronarien aigu.

Chapitre 4

Étude de cas - Le SCA

Le logiciel décrit au chapitre 3 a été utilisé sur un sous-ensemble des données de CIRESSS. Les deux buts poursuivis sont d'abord (a) d'explorer l'utilisation du prototype, et plus particulièrement d'expérimenter la modélisation bayésienne de problèmes médicaux, et ensuite (b) d'évaluer la pertinence du sous-ensemble de CIRESSS mis à notre disposition. Pour atteindre ces objectifs, nous avons défini deux analyses portant sur le diagnostic et le traitement du syndrome coronarien aigu (SCA). Une présentation du traitement et du diagnostic du SCA est donnée à l'annexe C.

La première analyse cherche à établir l'importance du test de troponine T (TnT) et celui de la créatine kinase et sa fraction MB (CK-MB) dans la décision d'hospitaliser un patient. La deuxième analyse établit la probabilité de subir une angiographie ainsi que d'être diagnostiqué comme ayant une cardiopathie ischémique, une maladie hypertensive ou une artériosclérose en fonction des résultats des tests de TnT passés à l'urgence.

La prochaine section permet de se familiariser avec la population de visite sélectionnée et le pré-traitement des résultats des tests. Vient ensuite une présentation des deux analyses et une discussion des résultats.

4.1 Les données

4.1.1 Population de base

La population de base pour ces analyses a été obtenue à l'aide de deux demandes d'accès sur les données de CIRESSS. La première demande correspond à l'ensemble des patients qui se sont présentés à l'urgence pour une douleur thoracique en 2004 ; la deuxième, à l'ensemble des patients qui ont été hospitalisés pour une douleur thoracique entre 2000 et 2004. Pour la première, seules les données concernant l'étape à l'urgence ont été retenues. Quant à la seconde, les données obtenues couvrent l'étape à l'urgence et celle de l'hospitalisation. Il est à noter que ces ensembles ne sont pas disjoints puisque certains patients qui se sont présentés à l'urgence pour une douleur thoracique en 2004 ont aussi été hospitalisés pour ce problème.

La première extraction a retourné 920 patients, 989 visites et 15364 requêtes. La deuxième a retourné 213 patients, 219 visites, 16458 requêtes, 1494 diagnostics finaux et 88 traitements. Les requêtes font référence aux tests et médicaments prescrits aux patients. Les traitements font référence aux interventions réalisées durant la période d'hospitalisation. Les diagnostics finaux et les traitements concernent seulement les patients hospitalisés.

4.1.2 La classification des tests

Tel que décrit au chapitre 3, nous avons classifié les tests de TnT et de CK-MB en fonction de leurs résultats. Les tableaux 4.1 et 4.2 contiennent les règles utilisées pour la classification des tests. Celle-ci a été effectuée en sélectionnant la classe qui exprime le plus haut degré de sévérité parmi les résultats. Par exemple, si trois résultats pour le test de TnT ont été classifiés : *normal* , *normal* et *anormal*, alors le test a été classifié *anormal*. Cette heuristique est justifiée par le fait que les marqueurs sanguins tels que la TnT et la CK-MB prennent un certain temps avant d'apparaître dans le sang lorsqu'il y a nécrose des tissus cardiaques. Il est donc fréquent, lorsqu'il y a ischémie, de rencontrer une élévation du taux sanguin de ces marqueurs seulement après quelques mesures, prises à des intervalles d'environ 6 heures [26].

TnT	
valeurs	classe
0-0.03	normal
>0.03-0.1	incertain
>0.1	anormal

Tab. 4.1 – Valeurs pour la classification des tests de TnT

CK-MB	
valeurs	classe
CK < 200 ui/l ou ratio CK-MB < 7%	normal
ratio CK-MB > 7%	anormal

Tab. 4.2 – Valeurs pour la classification des tests de CK-MB

4.2 Première analyse : le triage à l'urgence

La première analyse cherche à établir le lien entre les résultats de TnT, de CK-MB et l'hospitalisation. Pour déterminer ce lien, nous avons analysé les visites de l'année 2004. Durant cette période, il y a eu 1029 visites pour des douleurs thoraciques dont 56 ont eu pour conséquence une hospitalisation.

4.2.1 Le contexte médical

Le SCA comprend l'angine de poitrine instable et l'infarctus du myocarde qui se caractérisent par une douleur ou un serrement à la poitrine. C'est une pathologie grave qui doit être traitée rapidement. Lorsqu'un patient se présente à l'urgence pour une douleur thoracique, la nature de cette douleur doit rapidement être établie. Si elle est coronarienne, la survie du patient peut dépendre de la rapidité de l'intervention. Déterminer avec précision la nature et la sévérité du problème est donc primordial. L'électrocardiogramme (ECG) est un test très important dans l'établissement du diagnostic. Celui-ci a l'avantage d'être très spécifique (85% - 95%) mais peu sensible ($\approx$50%) ce qui signifie qu'un ECG anormal implique presque certainement un problème coronarien. Toutefois, si aucune anomalie du tracé n'est détectée, la pro-

67

babilité que la douleur soit d'origine coronarienne reste quand même élevée. Pour établir le diagnostic, il est nécessaire de conjuguer le test d'ECG avec d'autres tests tels que ceux du taux sanguin de troponine ou de créatine kinase et sa fraction MB (CK-MB).

Ces tests tirent parti du fait que des dommages causés aux tissus musculaires ont pour effet de libérer des enzymes dans le sang. L'intérêt pour ces tests est qu'ils peuvent atteindre des taux de spécificité et de sensibilité supérieurs à 90%. Cependant, le taux d'enzyme peut prendre plusieurs heures avant d'augmenter. Ces tests ne peuvent donc généralement pas être utilisés pour détecter les cas urgents nécessitant une intervention immédiate [ ].

La troponine

La troponine est un complexe de protéines composé de 3 sous-unités : C, I et T. La troponine I (TnI) et la troponine T (TnT) sont utilisées pour le diagnostic et le suivi de l'infarctus du myocarde. La TnT est aujourd'hui recommandée car il a été démontré qu'elle était plus sensible que la TnI.

La créatine kinase et sa fraction MB

Il existe trois variantes de la créatine kinase (CK) qui sont chacune spécifique à un type de tissus musculaires. Le dosage des variantes permet de distinguer l'origine de la destruction cellulaire.
- CK-MM : pour les cellules musculaires,
- CK-MB : pour les cellules myocardiques,
- CK-BB : pour les cellules cérébrales.

Le diagnostic d'une pathologie coronarienne est établi à l'aide de la CK-MB.

Comparaison entre TnT et CK-MB

L'efficacité diagnostique d'un test médical est évaluée en fonction de sa sensibilité et de sa spécificité. La sensibilité est la proportion de vrai positif (résultat de test positif alors que la personne a la pathologie testée) parmi l'ensemble des cas malades d'une population. Autrement dit, si un test est sensible à 90% et que nous appliquons

68

le test sur 100 personnes ayant la pathologie testée, alors 90 d'entre eux auront un résultat positif. La spécificité, représente la capacité de détection des vrais négatifs (résultat de test négatif alors que la personne n'a pas la pathologie testée). Autrement dit :

$$\text{sensibilité} = \frac{\text{nombre de vrais positifs}}{\text{nombre de vrais positifs} + \text{nombre de faux négatifs}}$$

$$\text{spécificité} = \frac{\text{nombre de vrais négatifs}}{\text{nombre de vrais négatifs} + \text{nombre de faux positifs}}$$

Il est intéressant de noter que la sensibilité et la spécificité peuvent aussi être exprimées à l'aide du Théorème de Bayes, et donc être calculées à l'aide d'un réseau bayésien, de la manière suivante :

$$\text{sensibilité} = P(\text{vrai positif}|\text{malade})$$

$$\text{spécificité} = P(\text{vrai négatif}|\text{non malade})$$

Les résultats obtenus par Nusier et Ababneh [ ] lors d'une étude portant sur l'efficacité diagnostique du test de TnT et de CK-MB chez des patients possiblement atteints d'un infarctus aigu du myocarde sont reproduits dans le tableau 4.3. On constate ici que le test de TnT est beaucoup plus spécifique pour une sensibilité presque équivalente. Ces résultats ont été confirmés par d'autres études et le test de TnT est aujourd'hui reconnu comme étant supérieur au test de CK-MB pour le diagnostic du SCA.

	Sensibilité	Spécificité
CK-MB	0.95	0.42
TnT	0.93	0.95

Tab. 4.3 – Sensibilité et spécificité du test de TnT et CK-MB

L'analyse effectuée cherche à établir s'il y a une différence entre l'utilisation et les résultats des tests de TnT et de CK-MB en 2004, au CHUS, lors de la phase diagnostique du SCA.

4.2.2 Les résultats

Pour effectuer notre analyse, nous avons créé un réseau bayésien contenant trois variables. Les deux premières représentent la probabilité des différents résultats possibles pour les tests de TnT et de CK-MB. Puisqu'aucun résultat n'a été classé *incertain* dans le cas de la TnT, nous n'avons pas inscrit cette classe dans les tables de probabilités conditionnelles afin d'alléger le diagramme. La variable Hospitalisation pour douleur thoracique représente la probabilité d'être hospitalisé pour douleur thoracique en fonction des résultats des tests de TnT et de CK-MB passés aux urgences. Le figure 4.1 présente le réseau bayésien obtenu.

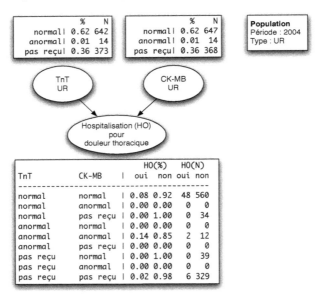

FIG. 4.1 – Réseau bayésien résultant de la 1ère analyse

4.2.3 Discussion

Les résultats obtenus ne contiennent ni surprise, ni aberration. Comme on pouvait s'y attendre, la grande majorité des patients ayant des résultats aux deux tests classés comme normaux n'a pas été hospitalisée. De plus, c'est lorsque les deux résultats sont anormaux que nous observons le taux le plus élevé d'hospitalisation (14%). Cependant, le nombre de patients dans ce cas n'étant pas significatif (< 30), nous ne pouvons conclure sur la validité de ce résultat. Les deux autres cas intéressants sont ceux où l'un des deux tests a donné un résultat normal et que l'autre test n'a pas été fait. Dans ces deux cas, les patients n'ont pas été hospitalisés. Ceci peut être un indicateur, dans le cas où seul le test de la TnT a été fait, d'un abandon du test de CK-MB et dans le cas où seule la CK-MB a été effectuée, d'une réticence à employer la TnT.

Il aurait été intéressant ici d'effectuer des inférences bayésiennes pour calculer, par exemple, la probabilité d'avoir un résultat de TnT négatif en sachant qu'il y a eu hospitalisation. Autrement dit, évaluer la probabilité de faux négatif. Malheureusement, il est impossible d'effectuer un tel calcul car certaines entrées de la table HO n'ont pu être calculées comme par exemple, celle du cas où le résultat de TnT est normal et celui de CK-MB anormal. Ces entrées manquantes viennent du fait qu'il n'y a aucun patient dans notre ensemble de données dont les valeurs des variables correspondent à celle de la donnée manquante. Pour être en mesure de calculer une valeur a posteriori à l'aide du théorème de Bayes, la somme de chaque ligne de chaque table doit être égale à un. Nous sommes dans un cas d'observabilité partielle qui n'est pas pris en charge par la librairie OpenBayes v. 0.1.

4.3 Deuxième analyse : la phase d'hospitalisation

La deuxième analyse cherche à établir le lien entre les résultats des tests de TnT passés à l'urgence et la probabilité de subir une angiographie ainsi que de recevoir un diagnostic de cardiopathie ischémique, de maladie hypertensive ou d'artériosclérose.

La population utilisée est constituée des 56 visites de notre ensemble de données qui ont conduit à une hospitalisation pour douleur thoracique en 2004.

4.3.1 Le contexte médical

Conséquemment au nombre plutôt restreint de visites, nous avons cherché à définir nos variables à partir de procédures et diagnostics présents chez un nombre significatif d'individus. La liste suivante contient une description des variables dépendantes du résultat de TnT. Les codes entre parenthèses correspondent aux code CIM-9 utilisés pour extraire les données.

- Le cathétérisme cardiaque (T49.96), ou angiographie, est une méthode d'exploration hémodynamique qui consiste à introduire une sonde dans les différentes cavités cardiaques pour mesurer des pressions et le taux de saturation en oxygène du sang. Cette procédure invasive permet aussi le déblocage des artères.
- Les cardiopathies ischémiques (410 à 414) regroupent un ensemble des diagnostics dont notamment l'infarctus aigu du myocarde et l'angine de poitrine.
- Les maladies hypertensives (401 et 405) sont l'hypertension essentielle, la cardiopathie due à l'hypertension artérielle, la néphropathie due à l'hypertension artérielle, la cardio-néphropathie due à l'hypertension artérielle et l'hypertension secondaire.
- L'artériosclérose (440).

4.3.2 Résultats et discussion

La figure 4.2 présente le réseau bayésien obtenu. Des 56 patients hospitalisés pour une douleur thoracique en 2004 contenus dans notre ensemble de données, seulement deux ont un résultat de TnT anormal. Les résultats obtenus pour les diagnostics et l'angiographie ne peuvent donc pas être interprétés. L'état des connaissances médicales nous permet de croire qu'une plus grande proportion des patients hospitalisés devrait avoir eu des résultats de TnT classés comme anormaux. Pour expliquer la différence entre les valeurs calculées et les résultats attendus, nous posons comme hypothèse que notre ensemble de données n'est pas représentatif de la réalité.

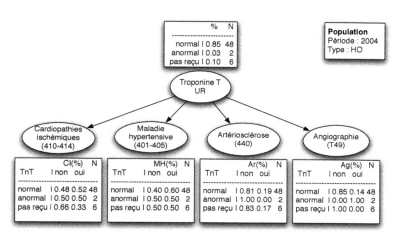

FIG. 4.2 – Réseau bayésien résultant de la 2ème analyse

4.4 Conclusion

Notre premier objectif était d'explorer l'utilisation du prototype, et plus particulièrement d'expérimenter la modélisation bayésienne de problèmes médicaux. Les deux réseaux produits contiennent peu de noeuds et ne permettent donc pas le calcul d'inférences intéressantes. Nous devrions plutôt parler, pour l'instant, de réseau causal ou probabiliste. La construction d'un graphe plus complexe nécessite un travail d'analyse et de traitement sur les données qui permettraient d'identifier plus de variables pertinentes. L'interprétation des résultats de test constitue aussi un facteur limitatif non négligeable. Par exemple, le résultat de l'ECG est très important pour le diagnostic du SCA. Cependant, contrairement aux tests de TnT et de CK-MB, les résultats de ce test sont beaucoup plus difficiles à classifier automatiquement car ils sont enregistrés sous forme de note médicale (texte libre). L'analyse de ces notes, en plus de devoir faire appel à des technologies issues du domaine du traitement automatique du langage naturel requiert souvent des connaissances poussées en cardiologie difficiles à formaliser. Cet aspect limite particulièrement la puissance analytique de notre prototype car nous constatons que plusieurs résultats tests sont encodés sous forme de note médicale. L'intégration de technologies capables de classifier ces notes est donc primordiale.

Le deuxième objectif avait pour but d'évaluer la pertinence du sous-ensemble de données de CIRESSS dans le cadre d'analyse du traitement du SCA. La complexité des données hospitalières, en conjonction avec le fait que le schéma de CIRESSS ne donne que peu d'indices sur la nature des données contenues dans les tables, a pour conséquence qu'un certain niveau d'expérience est requis afin d'être en mesure de bien identifier les données pertinentes relatives à un problème spécifique. L'accès à CIRESSS étant très limité, l'acquisition de cette expérience est lente et difficile. L'extraction du premier ensemble de données s'est faite avec peu d'expérience de notre part. Nous pensons donc que la thèse selon laquelle la non-conformité des résultats de la deuxième analyse par rapport à nos attentes serait due à une sélection incomplète des données pertinentes est plus que probable. Le projet dans son ensemble ayant grandement contribué à l'acquisition d'une meilleure connaissance de CIRESSS, nous envisageons de redéfinir nos critères de sélection afin d'obtenir un nouvel ensemble de données concernant le SCA.

Conclusion

Le travail présenté ici est d'abord le fruit d'une collaboration entre le département d'informatique de l'Université de Sherbrooke et le centre de Collaboration en Recherche pour l'Efficacité en Diagnostic (CRED) du Centre Hospitalier Universitaire de Sherbrooke. Nous pensons qu'une telle collaboration devrait se poursuivre puisqu'elle présente un fort potentiel de recherche; cependant nous tenons à souligner certaines des difficultés rencontrées en lien avec l'interdisciplinarité. Tout d'abord, la complexité du domaine médical ne doit pas être minimisée et nous suggérons une formation de base en sciences cliniques à tout informaticien souhaitant oeuvrer au développement de solutions informatiques appliquées au domaine médical. Plus que l'apprentissage de notions de base, il s'agit d'acquérir une certaine culture du domaine médical afin d'être en mesure de mieux comprendre les enjeux, problèmes et attentes qu'ont ou pourraient avoir les médecins envers l'informatique. De plus, s'il est fréquent de dire que le premier problème d'une recherche scientifique est la définition du problème, à cet égard, notre manque de connaissances médicales a rendu cette tâche particulièrement ardue.

Cela étant dit, nous croyons avoir atteint les principaux objectifs fixés par cette recherche. Tôt dans le projet, nous avons identifié la stratégie de soins en tant que notion intéressante pour l'analyse des données nécessaire à l'amélioration de la pratique médicale. La nécessité de définir formellement cette notion nous a d'abord menés sur le chemin des lignes directrices informatisées qui nous ont donné une meilleure compréhension de la nature de la stratégie de soins et des théories sous-jacentes à sa modélisation. Cependant, plusieurs questions sans réponses nous ont forcé à approfondir notre recherche, ce qui nous a conduit aux systèmes de gestions de connaissances. Ce domaine nous a offert le cadre nécessaire pour l'élaboration d'une définition plus complète d'iCareProMoT ainsi qu'un bassin de théories et de techniques nécessaires à sa conception.

L'intérêt pour CIRESSS en tant que source de données pertinente pour l'amélioration de la pratique médicale a été au coeur du projet dès le début. Comprendre son fonctionnement et la nature des données a cependant été un travail difficile. Premièrement, la documentation mise à notre disposition était en partie désuète, incomplète et surtout orientée pour les besoins d'usagers non spécialisés en informatique. Aussi, les techniques employées pour la conception du schéma nous ont semblé dans un premier temps très étranges car elles contredisent les notions que nous avions alors sur la modélisation des bases de données. Réaliser la différence fondamentale entre les bases de données opérationnelles et les entrepôts de données nous a permis de mieux comprendre les raisons ayant conduit à une telle conception. Ce mémoire nous a amené à expliquer le type de données contenues par CIRESSS et quels sont les obstacles auxquels nous avons fait face lors de leurs extraction et analyse. Un aspect important de CIRESSS qui n'a pas été abordé concerne la fiabilité des données. Cette dernière dépend d'abord des systèmes Ariane et Med-Écho sur lesquels nous n'avons aucun contrôle. Nous sommes donc, à ce niveau, totalement dépendants des systèmes sources. Une autre source d'erreur possible est le système de chargement de CIRESSS. Mesurer la quantité d'erreurs introduites dans CIRESSS nécessite la comparaison entre les données de l'entrepôt et celles contenues dans les dossiers papiers; il s'agit là d'un travail d'envergure qui devra être entrepris par les autorités compétentes du CHUS.

Produire un modèle d'analyse intéressant à partir de la notion de stratégie de soins fut aussi au centre de nos préoccupations. Une première version, qui mettait l'emphase sur la souplesse de l'extraction des données, le faisait au détriment du support apporté à l'analyse. Ce compromis devait être fait par manque d'homogénéité des données qui, sans pré-traitement ad hoc, rend leur analyse très difficile. Cette solution nous a semblé avoir peu d'intérêt car elle n'offrait qu'une interface un peu plus conviviale que celle de NucleusQuery. Quelques recherches nous ont mis sur la piste des réseaux bayésiens qui se sont avérés très intéressants pour nos recherches. D'abord, la sémantique de notre ontologie de la stratégie de soins s'intègre parfaitement à celle de ce modèle mathématique. En effet, une stratégie de soins est un processus causal contenant des connaissances parfois subjectives ou de haut niveau (ex. : un ensemble de règles complexes menant à la définition de diagnostics). D'autre part, l'inférence bayésienne a la capacité de répondre à des questions intéressantes du domaine médical telles que l'évaluation des probabilités d'un diagnostic ou d'un pronostic ou encore l'évaluation de la sensibilité et de la spécificité d'un test diagnostique.

Beaucoup de travail reste encore à faire pour la réalisation d'iCareProMoT. Une prochaine étape importante consiste à présenter le projet à un groupe d'usagers cibles afin de définir une liste des besoins plus précise. D'un point de vue technique, une autre étape majeure consiste à développer plus avant notre ontologie de la stratégie de soins afin d'être en mesure d'utiliser celle-ci lors des processus de découverte de connaissances.

Annexe A

Les ontologies médicales

Les terminologies

- **CCAM** : La Classification Commune des Actes Médicaux est un système utilisé en France.
- **CPT** : La Current Procedural Terminology est une nomenclature utilisée pour la gestion des procédures et services dispensés par les cliniciens. CPT est une marque déposée de la American Medical Association. La version la plus récente (2006) contient 8 568 codes et descripteurs.
- **LOINC** : La Logical Observations, Identifiers, Names, and Codes est un ensemble public de codes et de noms axés sur la transmission électronique des résultats de tests laboratoires et autres observations cliniques.
- **MeSH** : Le Medical Subject Headings est utilisé pour indexer, cataloguer et récupérer la littérature médicale de la base de données MEDLINE.
- **CIM** : La Classification Internationale des Maladies, dont le nom complet est «Classification statistique internationale des maladies et des problèmes de santé connexes», est publiée par l'Organisation Mondiale de la Santé et utilisée à travers le monde pour enregistrer les causes de morbidité et de mortalité à des fins diverses.
- **GO** : La Gene Ontology est un vocabulaire contrôlé utilisé pour la description des produits génétiques, des composantes cellulaires et des fonctions moléculaires.
- **SNOMED CT®** : La Systematized NOmenclature of MEDicine Clinical

Terms) est une terminologie facilitant l'interopérabilité du dossier patient électronique. La SNOMED CT® résulte de la fusion entre la SNOMED-RT (Reference Terminologie) et la England and Wales National Health Service's Clinical Terms. La SNOMED CT® est considérée comme la première terminologie internationale. Une nouvelle organisation, la Health Terminology Standards Development Organisation (IHTSDO®, aussi connue sous le nom de SNOMED SDO®) a acquis les droits de la SNOMED CT® en 2007 et est maintenant responsable de sa maintenance et de son développement. La terminologie inclut un réseau sémantique contenant plus de 300 000 concepts.

Les ontologies

- **GALEN** : Terminologie et service de codification pour les applications cliniques. Le Common Reference Model est une ontologie formelle qui représente une terminologie médicale encodée dans une logique de description (GRAIL).
- **HL7-RIM** : Le Health Level Seven - Reference Information Model est un standard de HL7, une organisation accréditée ANSI-SDOs et qui oeuvre dans le domaine des soins de santé avec comme mission le développement de standards pour l'échange, la gestion et l'intégration des informations de santé électronique. «Level Seven» réfère au plus haut niveau du modèle de communication ISO du modèle OSI (Open System Interconnection). HL7 est aussi le nom du standard développé pour l'échange de messages entre les systèmes d'information. Le RIM, dont la version 2.5 a été approuvé en tant que standard ANSI en 2003 et dont la version 3 est en cours de développement, est la pierre angulaire du standard HL7. C'est un modèle objet représentant le domaine des données cliniques qui identifie le cycle de vie des évènements qu'un message ou un groupe de messages transporte. Parmi les standards développés par l'organisme, notons le CDA (Clinical Document Architecture), un standard d'échange de documents cliniques, et GELLO, un langage formel, orienté objet, et basé sur OCL (Object Constraint Language) du Object Management Group.
- **FMA** : La Foundational Model of Anatomy est une base de connaissances servant à la représentation des classes et relations nécessaires à la modélisation

symbolique de la structure du corps humain. Celle-ci est libre de droit et développée à l'aide du logiciel Protege-3.0.

– **BFO** : La Basic Formal Ontology est une ontologie de haut niveau supportant le développement d'ontologies dans des domaines de recherche scientifique.

– **UMLS** : Le Unified Medical Language System est un référentiel de terminologie biomédicale développé par le US National Library of Medicine. Celui-ci intègre ensemble plus de 60 familles de terminologie médicale à partir desquelles ont été identifiées plus de 2 millions de noms pour environ 900 000 concepts et 12 millions de relations entre ces concepts. Le UMLS Metathesaurus intègre notamment la taxonomie NCBI, Gene Ontology, FMA, MeSH, OMIN, le Digital Anatomist Symbolic Knowledge Base et SNOMED CT.

Le diagramme A.1 présente les principaux sous-domaines de UMLS :

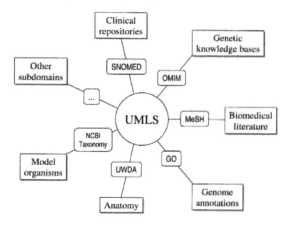

FIG. A.1 – Principaux sous-domaines de UMLS
(Copyright © 2004 Oxford University Press)

En plus du Methathesaurus, UMLS contient un réseau sémantique, appelé Semantic Network, qui représente une catégorisation de tous les concepts du Methathesaurus et les relations qui existent entre ces concepts. Présentement, la version de UMLS comprend 135 types sémantiques et 54 types de relations.

UMLS contient aussi un outil de support lexical pour le traitement du langage naturel appelé SPECIALIST Lexicon. L'entrée lexicale pour chaque terme comprend des informations syntaxiques, morphologiques et orthographiques. De plus, l'outil MetaMap permet d'extraire des concepts UMLS à partir de texte libre.

- **LinkBase®** : Selon les concepteurs de LinkBase® il s'agit de l'ontologie médicale formelle la plus complète au monde. Elle contient plus d'un million de concepts et plus de 7 millions d'objets de connaissance.

- **Medical Ontology Research** : Programme de recherche du U.S. National Library of Medicine axé sur la définition, l'organisation, la visualisation et l'utilisation d'ontologies médicales formelles.

- **IFOMIS** : L'Institute for Formal Ontology and Medical Information Science est un groupe de recherche interdiciplinaire (Philosophie, Informatique, Logique, Médecine, Informatique médicale) oeuvrant dans le domaine des ontologies formelles et appliquées. Leur but est de développer des ontologies formelles qui seront appliquées et testées dans le domaine médical et biomédical.

Annexe B

Configuration du prototype iCareProMoT

Les listes suivantes présentent l'ensemble des commandes pouvant être envoyées à l'interpréteur de commande du prototype iCareProMoT afin d'effectuer des analyses bayésiennes des données de CIRESSS.

Définition des paramètres globaux

La définition d'une période est facultative mais fortement recommandé. Le type de population doit obligatoirement être défini.

– `PERIODE debut fin`

Définit la période sur laquelle les données sont extraites.

– `POP_TYPE type (UR ou HO)`

Le type UR sélectionne toutes les visites UR et le type HO sélectionne seulement les visites qui ont une étape HO.

Définition de variables

– `AGE alias entier`

Si âge $>=$ `entier` alors la variable vaut 1 sinon elle vaut 0.

- HO ? alias
  Si patient hospitalisé alors la variable vaut 1 sinon elle vaut 0.

- DIAG_ADM alias cim9
  Si cim9 ∈ {codes diagnostiques d'admission du patient} alors la variable vaut 1 sinon elle vaut 0.

- TEST alias etape nomTest
  Si le patient, pour l'étape de visite sélectionné par etape, à reçu le test nomTest, alors la variable prend la valeur de la classe du test. Si le patient n'a pas reçu le test alors la variable vaut 0.

- DIAGNOSTIC alias cim9_1 cim9_2
  Si parmi les codes diagnostiques du patient il y en a un qui se trouve entre cim9_1 et cim9_2 alors la variable vaut 1 sinon elle vaut 0.

- TRAITEMENT alias cim9
  Si parmi les codes de traitements du patient il y en a un qui commence par cim9 alors alors la variable vaut 1 sinon elle vaut 0.

Note : Les alias doivent être entre guillemets double ("") et ne doivent pas contenir de point d'interrogation (?).

Définition de la topologie du graphe

La définition de la topologie du graphe se fait à l'aide de la commande LINK suivie de deux alias de variable.

- LINK source destination

Définition des observations et calcul de probabilité conditionnelle

Pour calculer la probabilité conditionnelle d'une variables il faut d'abord définir les observations et ensuite marginaliser la variable.

- OBS alias=val
- MARGINALISER alias

Terminaison du programme

Le programme se termine lorsqu'il rencontre la commande END.

– END

Annexe C

Le syndrome coronarien aigu

Le syndrome coronarien aigu (SCA) comprend l'angine de poitrine instable et l'infarctus du myocarde [26]. L'algorithme de la figure C.1 décrit la phase de diagnostic et de traitement du SCA. La liste qui suit définit les principaux termes médicaux de l'algorithme :

Électrocardiogramme (ECG) : représentation graphique des signaux électriques émis par le coeur en fonction du temps.

Pontage coronarien : en anglais : Coronary Artery Bypass Graft (CABG). Technique de revascularisation du myocarde utilisant un greffon veineux retourné, interposé entre l'aorte ascendante et une artère coronaire, en aval de son obstruction.

Intervention coronarien percutané : en anglais : Percutaneous Coronary Intervention (PCI). Variété de procédures utilisées dans le traitement de maladies artérielles du coeur qui se font à travers la peau.

Bloc de branche gauche : en anglais : Left bundle branch block (LBBB). Trouble cardiaque caractérisé par une mauvaise conduction (ralentissement ou arrêt) des signaux électriques dans la branche gauche du faisceau de His.

Angioplastie coronarienne transluminale percutanée : technique de recanalisation ou de dilatation par voie percutanée des lésions sténosantes ou occlusives des artères coronariennes.

Ischémie : arrêt ou diminution de l'apport sanguin artériel dans un tissu ou un organe.

Thrombolyse : Dissolution du caillot de fibrine par utilisation d'agents fibrinolytiques.

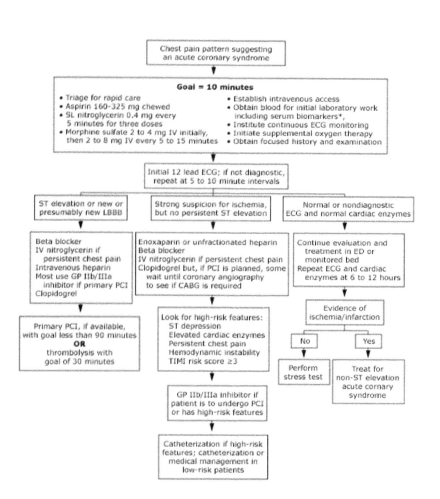

FIG. C.1 – Diagnostic et traitement du SCA

89

Bibliographie

[1] « UMLS Knowledge Source Server (UMLSKS) ». Consulté pour la dernière fois 1 mai 2008. http://umlsks.nlm.nih.gov.

[2] *The Description Logic Handbook : Theory, Implementation and Applications.* Cambridge University Press, Cambridge, UK, 2003.

[3] E. ANTEZANA, M. EGANA, B. De BAETS, M. KUIPER et V. MIRONOV. « ONTO-PERL : an API for supporting the development and analysis of bio-ontologies ». *Bioinformatics (Oxford, England)*, 24(6) :885–887, Mar 15 2008. PUBM : Print-Electronic ; DEP : 20080201 ; JID : 9808944 ; 2008/02/01 [aheadofprint] ; ppublish.

[4] C. J. BAKER, R. KANAGASABAI, W. T. ANG, A. VEERAMANI, H. S. LOW et M. R. WENK. « Towards ontology-driven navigation of the lipid bibliosphere ». *BMC bioinformatics*, 9 Suppl 1 :S5, 2008. PUBM : Print ; JID : 100965194 ; 0 (Lipids) ; 2008/02/13 [ppublish] ; ppublish.

[5] B. S. BLOOM. « Crossing the Quality Chasm : A New Health System for the 21st Century ». *Journal of the American Medical Association*, 287(5), 2002.

[6] S. BORGO. « Classifying Medical Ontologies ». Dans *Ontology Worshop, Semantic Mining Summer School*, Juin 2004. Balatonfüred, Hongrie.

[7] F. BOUTHILLIER et K. SHEARER. « Understanding knowledge management and information management : the need for an empirical perspective ». *Information Research*, 8(1), 2002.

[8] H. CESPIVOVA, J. RAUCH, V. SVATEK, M. KEJKULA et M. TOMECKOVA. « Roles of Medical Ontology in Association Mining CRISP-DM Cycle ». Dans *ECML/PKDD04 Workshop on Knowledge Discovery and Ontologies*, 2004.

[9] H. CHEN. *Knowledge Management Systems A Text Mining Perspective.* The University of Arizona Press, Tucson, AZ, 2001.

[10] H. CHEN, S. S. FULLER, C. FRIEDMAN et W. HERSH. « *Knowledge Management, Data Mining, and Text Mining in Medical Informatics* », volume 8 de *Knowledge Management and Data Mining in Biomedicine*, pages 3–33. Springer, États-Unis, 2005.

[11] V. DEVEDZIC. « *Knowledge Discovery and Data Mining in Databases* », pages 615–637. Handbook of Software Engineering and Knowledge Engineering Fundamentals. World Scientific Publishing Co., Singapore, 2001.

[12] V. DINU et P. NADKARNI. « Guidelines for the effective use of entity-attribute-value modeling for biomedical databases ». *International Journal of Medical Informatics*, 76(11-12) :769–779–79, 2007.

[13] A. N. DWIVEDI, R. K. BALI et R. N. NAGUIB. « Implications for Healthcare Knowledge Management Systems : a case study ». Dans *Annual International Conference of the IEEE Engineering in Medicine and Biology Society.*, volume 6, pages 5668–5671, États-Unis, 2005.

[14] A. N. DWIVEDI, R. K. BALI, Raouf N. G. NAGUIB et N. S. NASSAR. « Clinical Knowledge management for healthcare ». Dans *4th Annual IEEE - Engineering in Medicine and Biology Society (EMBS) Special Topic Conference on Information Technology Applications in Biomedicine.*, Royaumes-Unis, 2003. IEEE.

[15] M. J. FIELD et K. N. LOHR. *Clinical Practice Guidelines : Directions for a New Program.* National Academy Press, Washington, DC, États-Unis, 1990.

[16] Agency for HEALTHCARE RESEARCH et Quality (AHRQ). « National Healthcare Quality Report ». Rapport Technique, U. S. Department of Health and Human Services, 2005.

[17] J. FOX et S. DAS. *Safe and sound : artificial intelligence in hazardous applications.* MIT Press, Cambridge, MA, États-Unis, 2000.

[18] J. FOX, N. JOHNS, A. RAHMANZADEH et R. THOMSON. « PROforma : A method and language for specifying clinical guidelines and protocols ». *Studies in health technology and informatics*, 34 :516–20, 1996.

[19] W. J. Frawley, G. Piatetsky-Shapiro et C. J. Matheus. « *Knowledge Discovery In Databases : An Overview* », pages 1-30. Knowledge Discovery In Databases. AAAI Press/MIT Press, Cambridge, MA, États-Unis, 1991.

[20] Fabien G. « Ontologies informatiques », 22/05/06 2006. Consulté pour la dernière fois 1 mai 2008. http://interstices.info/jcms/c_17672/ontologies-informatiques.

[21] B. Ghosh et J. E. Scott. « Comparing knowledge management in healthcare and technical support organizations ». *IEEE Transactions on Information Technology in Biomedicine*, 9(2) :162–168, 2005.

[22] C. Golbreich, S. Zhang et O. Bodenreider. « The foundational model of anatomy in OWL : Experience and perspectives ». *Web semantics (Online)*, 4(3) :181–195, 2006. PUBM : Print ; GR : 001-0520-108/PHS ; JID : 101214428 ; ppublish.

[23] A. Grant, A. Moshyk, H. Diab, P. Caron, F. de Lorenzi, G. Bisson, L. Menard, R. Lefebvre, P. Gauthier, R. Grondin et M. Desautels. « Integrating feedback from a clinical data warehouse into practice organisation ». *International journal of medical informatics*, 75(3-4) :232–239, 2006.

[24] J. A. M. Gray. « Where's the chief knowledge officer ? ». *British Medical Journal*, 317(7162) :832–840, 1998.

[25] T. R. Gruber. « Towards Principles for the Design of Ontologies Used for Knowledge Sharing ». Dans N. Guarino et R. Poli, éditeurs, *Formal Ontology in Conceptual Analysis and Knowledge Representation*. Kluwer Academic Publishers, 1993.

[26] P. Hunziker, M. Pfisterer et S. Marsch. « Syndrome coronaire aigu : diagnostic et stratification des risques ». *Forum Medical Suisse*, 3(25) :580–584, 2003.

[27] W. H. Inmon. *Building the Data Warehouse*. John Wiley & Sons, Inc., New York, NY, États-Unis, 2005.

[28] P. D. Johnson, S. Tu, N. Booth, B. Sugden et I. N. Purves. « Using scenarios in chronic disease management guidelines for primary care ». Dans *AMIA Annual Symposium*, pages 389–393, Los Angeles, CA, États-Unis, 2000.

[29] R. KANAGASABAI, K. H. CHOO, S. RANGANATHAN et C. J. BAKER. « A workflow for mutation extraction and structure annotation ». *Journal of bioinformatics and computational biology*, 5(6) :1319–1337, Dec 2007. PUBM : Print ; JID : 101187344 ; 0 (Proteins) ; 2007/07/23 [received] ; 2007/09/11 [revised] ; 2007/09/30 [accepted] ; ppublish.

[30] R. KIMBALL et M. ROSS. *The Data Warehouse Toolkit : The Complete Guide to Dimensional Modeling.* John Wiley & Sons, Inc, New York, NY, États-Unis, 2002.

[31] William R. KING, T. Rachel CHUNG et Mark H. HANEY. « Knowledge Management and Organizational Learning ». *Omega*, 36(2) :167–172, 4 2008.

[32] L. T. KOHN, J. M. CORRIGAN et M. S. DONALDSON. « To err is human : building a safer health care system ». *The Florida nurse*, 48(1) :6, 2000.

[33] Y. KUO, A. LONIE, L. SONENBERG et K. PAIZIS. « Domain ontology driven data mining : a medical case study ». Dans *Proceedings of the 2007 international workshop on Domain driven data mining*, pages 11–17. ACM, 2007.

[34] S. LIAO. « Knowledge management technologies and applications-literature review from 1995 to 2002 ». *Expert Systems with Applications*, 25(2) :155–164, 2003.

[35] P. J. F. LUCAS, H. BOOT et B. TAAL. « A decision-theoretic network approach to treatment management and prognosis ». *Knowledge-Based Systems*, 11(5-6) :321–330, 1998.

[36] J. L. LUSTGARTEN, C. KIMMEL, H. RYBERG et W. HOGAN. « EPO-KB : A searchable knowledge base of biomarker to protein links ». *Bioinformatics (Oxford, England)*, Apr 9 2008. PUBM : Print-Electronic ; DEP : 20080409 ; JID : 9808944 ; aheadofprint.

[37] C. T. MEADOW, B. R. BOYCE et D. H. KRAFT. *Text Information Retrieval Systems.* Academic Press, Inc, San Diego, CA, États-Unis, 2000.

[38] G. C. MICHAUD, J. L. McGOWAN, R. H. van der JAGT, A. K. DUGAN et P. TUGWELL. « The introduction of evidence-based medicine as a component of daily practice ». *Bulletin of the Medical Library Association*, 84(4) :478–481, 1996.

[39] H. M. MULLER, E. E. KENNY et P. W. STERNBERG. « Textpresso : an ontology-based information retrieval and extraction system for biological literature ». *PLoS biology*, 2(11) :e309, 2004.

[40] K. P. MURPHY. « A Brief Introduction to Graphical Models and Bayesian Networks », 1998. Consulté pour la dernière fois 10 jan. 2007. http ://www.cs.ubc.ca/ murphyk/Bayes/bayes.html.

[41] P. M. NADKARNI, L. MARENCO, R. CHEN, E. SKOUFOS, G. SHEPHERD et P. MILLER. « Organization of heterogeneous scientific data using the EAV/CR representation ». *Journal of the American Medical Informatics Association*, 6(6) :478–493, 1999.

[42] I. NONAKA. « A dynamic theory of organizational knowledge creation ». *Organization Science*, 5(1) :14–37, 1994.

[43] I. NONAKA et H. TAKEUCHI. *The knowledge creating company : how Japanese companies create the dynamics of innovation*. Oxford University Press, New York, États-Unis, 1995.

[44] M. K. NUSIER et B. M. ABABNEH. « Diagnostic Efficiency of Creatine Kinase (CK), CKMB, Troponin T and Troponin I in Patients with Suspected Acute Myocardial Infarction ». *Journal of Health Science*, 52(2) :180–185, 2006.

[45] Fournier-Viger P.. « Une introduction aux logiques de description », 2005. Consulté pour la dernière fois le 1 mai 2008. http://www.philippe-fournier-viger.com/description_logics/introduction_logiques_de_description.html.

[46] S. PANZARASA et M. STEFANELLI. « Workflow management systems for guideline implementation ». *Neurological sciences*, 27 Suppl 3 :245–9, 2006.

[47] J. PEARL. *Probabilistic Reasoning in Intelligent Systems : Networks of Plausible Inference*. Morgan Kaufmann Publishers Inc, San Francisco, CA, États-Unis, 1988.

[48] T. B. PEDERSEN et C. S. JENSEN. « Research Issues in Clinical Data Warehousing ». Dans *SSDBM '98 : Proceedings of the 10th International Conference on Scientific and Statistical Database Management*, pages 43–52, Washington, DC, États-Unis, 1998. IEEE Computer Society.

[49] M. PELEG, A. A. BOXWALA, O. OGUNYEMI, Q. ZENG, S. TU, R. LACSON, E. BERNSTAM, N. ASH, P. MORK, L. OHNO-MACHADO, E. H. SHORTLIFFE et R. A. GREENES. « GLIF3 : the evolution of a guideline representation format ». Dans *AMIA Annual Symposium*, pages 645–649, États-Unis, 2000.

[50] M. PELEG, S. TU, J. BURY, P. CICCARESE, J. FOX, R. A. GREENES, R. HALL, P. D. JOHNSON, N. JONES, A. KUMAR, S. MIKSCH, S. QUAGLINI, A. SEYFANG, E. H. SHORTLIFFE et M. STEFANELLI. « Comparing computer-interpretable guideline models : a case-study approach ». *Journal of the American Medical Informatics Association*, 10(1) :52–68, 2003.

[51] M. POLANYI. *The Tacit Dimension*. New York : Anchor Books, 1966.

[52] S. QUAGLINI, M. STEFANELLI, G. LANZOLA, V. CAPORUSSO et S. PANZARASA. « Flexible guideline-based patient careflow systems ». *Artificial Intelligence in Medicine*, 22(1) :65–80, 2001.

[53] D. REVERE, S. FULLER, P. F. BUGNI et G. M. MARTIN. « An information extraction and representation system for rapid review of the biomedical literature ». *Medinfo*, 11(2) :788–792, 2004.

[54] D. L. SACKETT, W. M. C. ROSENBERG, J. A. M. GRAY, R. B. HAYNES et W. S. RICHARDSON. « Evidence based medicine : what it is and what it isn't ». *BMJ*, 312(7023) :71–72, 1996.

[55] S. S. SAHOO, O. BODENREIDER, J. L. RUTTER, K. J. SKINNER et A. P. SHETH. « An ontology-driven semantic mashup of gene and biological pathway information : Application to the domain of nicotine dependence ». *Journal of Biomedical Informatics*, Feb 29 2008. PUBM : Print-Electronic ; DEP : 20080229 ; JID : 100970413 ; 2007/10/06 [received] ; 2008/02/19 [revised] ; 2008/02/20 [accepted] ; aheadofprint.

[56] Y. SHAHAR. « Automated Support to Clinical Guidelines and Care Plans : The Intention-Oriented View », 2002. Commissioned by OpenClinical. Consulté pour la dernière fois 20 nov 2007. http ://www.openclinical.org/briefingpaperShahar.html.

[57] Y. SHAHAR, S. MIKSCH et P. JOHNSON. « The Asgaard project : a task-specific framework for the application and critiquing of time-oriented clinical guidelines ». *Artificial Intelligence in Medicine*, 14(1-2) :29–51, 1998.

[58] D. C. SLAWSON et A. F. SHAUGHNESSY. « Teaching evidence-based medicine : should we be teaching information management instead ? ». *Academic medicine*, 80(7) :685–689, 2005.

[59] B. C. SMITH. « *Reflection and Semantics in a Procedural Language* », Chapitre Prologue. Readings in Knowledge Representation. Morgan Kaufmann Pub, San Mateo, CA, États-Unis, 1985.

[60] C. SPRECKELSEN, S. LIEM, C. WINTER et K. SPITZER. « Cognitive Tools for Medical Knowledge Management ». *Information Technology*, 48(1) :33–43, 2006.

[61] S. W. TU, J. R. CAMPBELL, J. GLASGOW, M. A. NYMAN, R. MCCLURE, J. MC-CLAY, C. PARKER, K. M. HRABAK, D. BERG, T. WEIDA, J. G. MANSFIELD, M. A. MUSEN et R. M. ABARBANEL. « The SAGE Guideline Model : achievements and overview ». *Journal of the American Medical Informatics Association : JAMIA*, 14(5) :589–598, 2007.

[62] S. W. TU et M. A. MUSEN. « A flexible approach to guideline modeling ». Dans *AMIA Annual Symposium*, pages 420–424, États-Unis, 1999.